# 信息化背景下
# 会计实务与财务管理模式创新

李谨文　聂胜录　孙秀敏　著

吉林科学技术出版社

**图书在版编目（CIP）数据**

信息化背景下会计实务与财务管理模式创新 / 李谨文，聂胜录，孙秀敏著. -- 长春：吉林科学技术出版社，2024.5

ISBN 978-7-5744-1323-8

Ⅰ．①信… Ⅱ．①李…②聂…③孙… Ⅲ．①会计实务②财务管理 Ⅳ．① F233 ② F275

中国国家版本馆 CIP 数据核字（2024）第 092129 号

# 信息化背景下会计实务与财务管理模式创新

| | |
|---|---|
| 著 | 李谨文　聂胜录　孙秀敏 |
| 出 版 人 | 宛　霞 |
| 责任编辑 | 袁　芳 |
| 封面设计 | 树人教育 |
| 制　　版 | 树人教育 |
| 幅面尺寸 | 185mm×260mm |
| 开　　本 | 16 |
| 字　　数 | 250 千字 |
| 印　　张 | 11.5 |
| 印　　数 | 1~1500 册 |
| 版　　次 | 2024 年 5 月第 1 版 |
| 印　　次 | 2024 年 10 月第 1 次印刷 |

| | |
|---|---|
| 出　　版 | 吉林科学技术出版社 |
| 发　　行 | 吉林科学技术出版社 |
| 地　　址 | 长春市福祉大路5788 号出版大厦A 座 |
| 邮　　编 | 130118 |
| 发行部电话/传真 | 0431-81629529 81629530 81629531 |
| | 81629532 81629533 81629534 |
| 储运部电话 | 0431-86059116 |
| 编辑部电话 | 0431-81629510 |
| 印　　刷 | 廊坊市印艺阁数字科技有限公司 |

| | |
|---|---|
| 书　　号 | ISBN 978-7-5744-1323-8 |
| 定　　价 | 70.00元 |

# 前　言

目前，信息化技术的发展使我们已经全面进入信息时代，每天大量更新的数据和信息都对人们的生活产生着或多或少的影响。与此同时，社会当中许多行业和领域也都需要信息技术的支持，才能够跟随时代的步伐，取得长远的发展。比如对于企业当中的财务部门来说，会计工作是非常关键的，在会计信息化背景之下，要求在会计实务工作当中融入信息化技术，从而提高财务工作的整体水平和效率，切实促进企业的发展。要想实现这一目的，企业就应该重视信息技术在财务管理方面的应用，积极地进行工作模式和制度的完善与创新，提高会计信息化水平。而会计信息化，指的就是利用现代的信息技术对会计整体工作进行重新布局，构建起信息技术与传统会计工作相结合的工作系统，使得信息处理工作更加高效。企业若实现会计信息化，则能够对会计理论与实务都产生极大的影响，在此前提之下，企业应该充分认识到会计信息化的发展特点。

本书基于信息化背景，讲述了会计实务与财务管理模式创新，先是从信息化背景下的财务会计入手，介绍了会计信息系统的构成与建立，并深入探讨了财务管理的理论基础、财务管理的基本模式以及信息化背景下财务管理模式创新，接着重点分析了信息化背景下财务管理转型、建立财务共享中心、财务管理信息化以及培养会计信息化人才等内容。

本书查阅和参考了大量的会计学专业、信息专业和相关专业的文献和研究成果编著而成，力求体现实践性、适用性，是一本既有理论价值探讨，又有实践路径指引的著作。本书可供财税类、会计类相关专业的教学使用，尤其是应用技术型院校，也适合企业的财会人员及财政、税务、审计等部门的专业人员学习使用。由于作者水平有限，加之我国税收制度及企业会计准则正处于不断完善的过程，书中难免存在不足之处，恳请各位专家、同行和读者不吝指正。

# 目　录

第一章　信息化背景下的财务会计 …………………………………………… 1

　　第一节　信息化的概念和特征 ……………………………………………… 1

　　第二节　信息化时代财务会计的发展 ……………………………………… 3

　　第三节　信息化对传统教育的影响 ………………………………………… 22

　　第四节　信息化时代财务会计教学产生的新变化 ………………………… 28

第二章　会计信息系统的构成与建立 ………………………………………… 32

　　第一节　会计信息系统的构成 ……………………………………………… 32

　　第二节　会计信息系统的模式 ……………………………………………… 38

　　第三节　会计信息系统的基本要求 ………………………………………… 42

　　第四节　商品化会计软件的选择 …………………………………………… 47

　　第五节　会计软件实施流程 ………………………………………………… 51

　　第六节　ERP 与会计信息系统的关系 …………………………………… 52

第三章　财务管理的理论基础 ………………………………………………… 56

　　第一节　财务活动与财务关系 ……………………………………………… 56

　　第二节　财务管理的特点与目标 …………………………………………… 59

　　第三节　财务管理的步骤与程序 …………………………………………… 62

　　第四节　财务管理应遵循的原则 …………………………………………… 65

第四章　财务管理的基本模式 ………………………………………………… 72

　　第一节　财务筹资管理模式 ………………………………………………… 72

　　第二节　财务投资管理模式 ………………………………………………… 83

　　第三节　财务营运资金管理模式 …………………………………………… 89

　　第四节　财务利润分配管理模式 …………………………………………… 98

第五章　信息化背景下财务管理模式创新 ……………………………… 107

　　第一节　大数据时代财务管理模式创新 ……………………………… 107

　　第二节　区块链技术与财务管理模式创新 …………………………… 110

　　第三节　新会计制度下财务管理模式的发展 ………………………… 112

第六章　信息化背景下财务管理转型 …………………………………… 115

　　第一节　财务管理转型的必要性与经验 ……………………………… 115

　　第二节　财务管理信息化的基础理论 ………………………………… 118

　　第三节　财务信息化管理系统 ………………………………………… 120

第七章　建立财务共享中心 ……………………………………………… 126

　　第一节　财务共享服务理论概述 ……………………………………… 126

　　第二节　基于财务共享服务的财务转型问题及对策 ………………… 132

　　第三节　财务共享模式下内部控制问题与对策 ……………………… 136

第八章　财务管理信息化 ………………………………………………… 140

　　第一节　成本管理的信息化 …………………………………………… 140

　　第二节　固定资产管理的信息化 ……………………………………… 154

　　第三节　预算和控制管理的信息化 …………………………………… 159

第九章　培养会计信息化人才 …………………………………………… 163

　　第一节　会计信息化人才培养现状剖析 ……………………………… 163

　　第二节　构建会计信息化人才职业胜任能力框架 …………………… 165

　　第三节　基于 XBRL 的会计信息化人才培养策略 …………………… 171

参考文献 …………………………………………………………………… 175

# 第一章　信息化背景下的财务会计

## 第一节　信息化的概念和特征

### 一、信息化的概念

信息化的概念起源于 20 世纪 60 年代的日本，首先是由日本学者梅棹忠夫提出来的，而后被译成英文传播到西方，西方社会普遍使用"信息社会"和"信息化"的概念是从 70 年代后期才开始的。

1997 年召开的首届全国信息化工作会议对信息化和国家信息化的定义为："信息化是指培育、发展以智能化工具为代表的新的生产力并使之造福于社会的历史过程。国家信息化就是在国家统一规划和组织下，在农业、工业、科学技术、国防及社会生活各个方面应用现代信息技术，深入开发广泛利用信息资源，加速实现国家现代化进程。"实现信息化就要构筑和完善 6 个要素（开发利用信息资源、建设国家信息网络、推进信息技术应用、发展信息技术和产业、培育信息化人才、制定和完善信息化政策）的国家信息化体系。

信息化代表了一种信息技术被高度应用，信息资源被高度共享，从而使得人的智能潜力以及社会物质资源潜力被充分发挥，个人行为、组织决策和社会运行趋于合理化的理想状态。同时信息化也是 IT（互联网技术）产业发展与 IT 在社会经济各部门扩散的基础之上的，不断运用 IT 改造传统的经济、社会结构从而通往如前所述的理想状态的一段持续过程。

### 二、信息化的特征

信息化是人类社会发展所产生的一个新阶段，信息化是建立在计算机技术、数字化技术和生物工程技术等先进技术基础上的，信息化使人类以更快、更便捷的方式获得并传递人类创造的一切文明成果，它将提供给人类非常有效的交往手段，促进全球各国人们之间的密切交往和对话，增进相互理解，有利于人类的共同繁荣。信息化与工业化不同，信息化不是关于物质和能量的转换过程，而是关于时间和空间的转换过程，在信息化这个新阶段，人类生存的一切领域，在政治、商业，甚至个人生活中，都是以信息的获取、加工、传递和分配为基础的。

信息化是从有形的物质产品创造价值的社会，向无形的信息创造价值的新阶段的转化，也就是以物质生产和物质消费为主，向以精神生产和精神消费为主的阶段的转变，我们可以把信息化的特征归纳为"四化"和"四性"。

## （一）信息化的"四化"

### 1. 智能化

知识的生产成为主要的生产形式，知识成了创造财富的主要资源。这种资源可以共享，可以倍增，可以"无限制"地创造。在这一过程中，知识取代资本，人力资源比货币资本更为重要。

### 2. 电子化

光电和网络代替工业时代的机械化生产，人类创造财富的方式不再是工厂化的机器作业，有人称之为"柔性生产"。

### 3. 国际化

信息技术正在消除时间和距离的概念，信息技术的发展大大加速了全球化的进程。随着因特网的发展和全球通信卫星网的建立，传统国家概念将受到冲击，各网络之间可以不考虑地理上的联系而重新组合在一起。

### 4. 非群体化

在信息化时代，信息和信息交换遍及各个地方，人们的活动更加个性化。信息交换除了在社会之间、群体之间进行外，个人之间的信息交换也日益增加，以致将成为主流。

## （二）信息化的"四性"

### 1. 综合性

信息化在技术层面指的是多种技术综合的产物，它整合了半导体技术、信息传输技术、多媒体技术、数据库技术和数据压缩技术等；在更高的层面它是政治、经济、社会、文化等诸多领域的整合。人们普遍用"synergy"（协同）一词来表达信息化时代的这种综合性。

### 2. 竞争性

信息化与工业化进程不同的一个突出特点是，信息化是通过市场和竞争推动发展，政府引导、企业投资、市场竞争是信息化发展的基本路径。

**3. 渗透性**

信息化使社会各个领域发生全面而深刻的变革，它同时深刻影响物质文明和精神文明，已成为经济发展的主要牵引力，信息化使经济和文化的相互交流与渗透日益广泛和加强。

**4. 开放性**

创新是高新技术产业的灵魂，是企业竞争取胜的法宝。开放不仅是指社会开放，更重要的是心灵的开放，开放是创新的源泉。

# 第二节　信息化时代财务会计的发展

## 一、会计发展的新模式

随着网络的逐渐普及以及信息化时代的到来，传统意义上的会计发展模式已经在各个方面被社会的发展淘汰。在当今的互联网时代，信息的快速流动已经成为每个企业发展的关键因素之一。因此，事关企业经营效益的财务部门以及数据信息的流通已经成为企业发展的重中之重。在这种社会背景下，会计行业的转型及信息业务的提升就很有必要。对财务的管理流程进行规范化操作，以提高其工作效率，加快资金的流通速度，加强对资金以及相关信息的管理，促进财务行业在大数据的时代背景下为企业的数据分析和经营策略的制定提供可靠依据。只有完善有关云计算、云会计理论的会计信息系统，才能为会计发展模式的转变奠定基础和提供动力。

### （一）云会计概述

1. 什么是云计算

云计算是通过互联网来提供动态易扩展且经常是虚拟化的资源，是以互联网为媒介实现相关服务的一种新的资源模式。云计算从 2007 年诞生之日起，便以其超快的发展速度霸占了学术界和行业界发展的核心地位。

在以信息产业为研究对象的电信专业研究人员看来，云计算是以实现信息商业化为目的、以互联网的形式对信息进行储存、加工处理的一种按使用量付费的模式。

云计算是一种前所未有的以虚拟化资源为主题的新兴技术和新兴组织形式，这是美国国际商用机器专家比尔·鲍曼（Bill Bauman）对云计算的看法。

在对云服务进行了相关的调研以后，日本株式会社三菱综合研究所将云计算定义为：利用互联网的灵活性与自由性为实现数据在虚拟网络的计算提供了可能。

综上所述，我们可以将云计算定义为是一种以互联网为媒介，以企业服务为宗旨的发展形式。

云计算是互联网发展的附属品，是一个内容丰富的大型储存器，一旦人们将需要查询的信息输入搜索，它就会通过自己的分析、过滤和计算，立刻为人们提供所需的信息。也就是说，人们可以随时随地在任何一台相关数据设备上根据自己的需求查询所需信息，并不局限于某一台固定的设备，从而在减少投入资本，提高工作效率方面具有显著的优势。然而当云计算与大数据相结合时，它的服务模式就会以云计算的储存、技巧及分布式处理等为依据变得相对复杂起来。其具体的应用方式有以下三种。

（1）软件服务

这种形式即服务软件的开发商将产品安装在自己的服务器上，顾客以自我需求为依据提出购买或者租赁申请。这种服务模式中的消费者以所需的服务时间、种类的多少来支付费用。基于其灵活、固定的服务形式，因此得到中小企业的广泛认可，其中以在线会计服务最受欢迎。这种服务形式以本公司所开发的软件并不安装在自己公司，而是投放在相应服务器上为特征。

（2）平台即服务

这种形式即开发商以用户的需求为依据，以开发环境和运行平台为媒介，以在此基础上建立的软件为平台向顾客传递自己的软件，并提供相应服务的服务模式。这种服务模式因其流动资金少、运行成本低和开发速度快的优势深受企业青睐。

（3）基础设施即服务

这种形式即以基础设施为媒介提供服务的模式，一般情况下包括服务器、网络、储存及数据中心这几种基本设施。换句话说就是企业首先要为基础设施的建设投入资金，基础设施建成以后在厂商的组建下形成一个向客户提供虚拟资源的"云端"，客户以自我需求为依据查询相关内容并支付费用。该服务模式最大的特点是资金投入多。

2. 云会计的定义及其优势

在云计算迅速发展的背景下，以利用云技术在互联网上构建虚拟会计信息系统，完成企业的会计核算和会计管理等内容，使云会计得到了快速的发展，并被社会广泛认可。

在《"云会计"在中小企业会计信息化中的应用》一文中，程平、何雪峰顺应互联网发展趋势，并以向企业提供网络会计相关信息为主要服务目的来定义云会计。

云会计因国家环境和定义角度的不同而有各种解读。日本对于云会计的解读主要是立足其使用和组建的方法，它们曾以云计算为奠基的会计服务系统或者说是云计算在会计服务业上的应用为论点，来争论云计算与云会计之间的相互联系。以互联网为媒介向社会提供会计服务的商人广泛认可"云会计"的名称，并以这样的角度解读了云会计的定义：安装好的服务器以互联网为媒介向社会各界提供所需的软件服务，并以其提供的服务收取相应回馈的新型服务模式。

云会计服务在网络的普及及计算机技术不断提高的社会背景下，因具有以下几个优点受到了大多数企业的追捧。

第一，降低会计信息服务的投资及运行成本。这一点主要有以下两方面的体现：一是企业并不需要购买整个系统，只需要根据自己的需求支付使用费用即可，从而节省了大量资金投入；二是云会计的系统维护与升级由其专业开发人员负责，企业也因此减少了运行成本。

第二，更多的有需求人群可以共享云会计信息。主要体现在以网络和云计算为基础的云会计服务，因其客户端可以随时随地为需求者提供服务，因此在一定程度上实现了会计查询及使用信息的共享，为顾客随时查看信息提供了相应的保障。

第三，在一定程度上提高了财务监控的工作效率。一方面，在云会计的服务网络中，云会计的业务人员与财务人员之间的交流摆脱了时间与空间的约束，从而在提高监护效率、增加有效沟通方面有很大益处。另一方面，得益于服务软件自身具备的监控效能，进一步提升了财务部门的监控能力。

第四，财务相关工作者的工作效益得以提升。一方面，在云计算的服务下，公司的财务部门可以随时记账、报销，从而为企业高层更全面地评估经营状况、预测风险和规避财务风暴提供了保障。另一方面，云会计实现了各个部门的有效交流和深度合作，从而为财务部门工作效益的提高保驾护航。

云会计在云计算不断巩固的理论与实践基础上得以全速发展。云会计在财务工作的各个领域都以其独特的优势领先传统意义上的会计工作软件。我们有理由相信在互联网技术不断更新与应用的未来社会，云会计会保持并巩固自身优势，进一步得到财务界更加广泛的认可与使用。

3. 云会计发展面临的挑战

同其他事物一样，云计算给云会计的发展既带来了好的影响，又造成了一定程度的挑战，是一把双刃剑。它一方面有利于企业网络信息化、数据化的开展；另一方面其安全问题仍然存在很大的隐患。在大网络时代，云计算的研发者虽然都已设置了较高水平的安全机制，但仍不能保证百分之百的安全性。对于企业的发展来说，如果财务数据被窃取，肯定会动摇企业的立身发展之本。在这种社会背景下，强化云计算的安全性和打消企业对云计算的顾虑，成为云会计发展需首要解决的问题。现在将制约云计算和云会计进一步发展的枷锁总结为以下两点。

第一，数据保障安全性存在的隐患。在云会计运行体制中，企业的财务数据在互联网上进行交接，网络成为数据的新型载体，伴随着载体的转变，数据流通的确认方式也逐渐多样化。在这种情况下，网络的相对开放性为不法分子作案提供了可乘之机。

精通计算机各类技术的计算机高手或者同行业的竞争者可以制造病毒软件，在数据的传输过程中窃取或者擅自修改相关信息，以及企业数据保管人员安全意识欠佳等都有可能为不法之徒提供可乘之机。这些使得云会计的安全保障问题遭到了质疑。而对于立足于竞争激烈市场的企业来说，企业的核心机密无论以什么样的途径被泄露或者篡改，都会是企业发展的致命一击。

第二，过分依赖云计算的研发者。云会计的运行完全取决于云计算的研发人员，而云会计的服务质量及售后保障仍对企业的财务工作有巨大影响。换句话说，一旦云计算的研发停止或者售后保障人员疲于提供及时有效的技术更新，都会对企业的发展造成不可挽回的损失。

### （二）财务共享服务概述

#### 1. 什么是财务共享服务

经济全球化和信息化时代的到来对社会经济及企业的发展提出了重大挑战，其主要体现在商业经营形式的转变、管理体制的更新和产业生产链重组等方面。传统会计行业的变革也是遵循时代的主流而逐渐兴起的，主要表现就是财务共享服务的开展。

财务共享服务的定义是：遵循财务业务的运转流程，以现代信息技术为依托，从社会需求的立足点出发，为广大消费者提供专业服务，以期达到减少资金投入、规范操作流程、提高工作效率、增加社会价值的目的。

财务共享服务主要有财务集中化、第一代共享、第二代共享、第三代共享四个发展阶段。下面将对各个发展阶段做简单阐释。

第一，财务集中化阶段。是一种以减少资金投入和提高工作效率为主目的，将分散信息和人员的相关信息进行集中处理的服务模式。但其集中处理的流程及具体操作规范仍存在争议。

第二，第一代共享阶段。与财务集中化阶段相比，更加节省投入资金是这一阶段的一大亮点。它一方面扩大经营规模，另一方面尽量减少不必要的资金投入，兼顾人才的选拔与培养。对企业的选址和工作的规范化也是这一阶段的主要发展方向。

第三，第二代共享阶段。延续了第一代共享阶段节约成本的优点，并在此基础上进一步加强落实，同时针对第一阶段存在的服务质量有待提高等问题进行了调整。

第四，第三代共享阶段。在计算机及网络普及的社会大背景下，具有前三个阶段都不曾拥有的新功能。例如，财务云会计的产生为进一步整合分散信息提供了可能，从而达到了更好聚集财务信息的效果，可以为更广大的分散用户提供所需信息。

#### 2. 财务共享服务理论基础

财务共享服务来源于共享服务，是以共享服务为主要目的的一种分布式管理模式。

而共享服务是针对企业经营管理存在的问题提出的新型管理模式，其关键内容是对企业所需要的有关开发人员和技术资源在一个平台上进行分享。其分享的服务类型不仅包括财务及采购方面的基本内容，还包括法律信息参考、信息共享等多方面的内容。

规模经济理论、竞争优势理论、组织结构扁平化理论、业务流程再造理论、集团管控理论、资源配置理论等是共享服务理论基础所包含的主要内容。

（1）规模经济理论

企业在扩大生产规模的同时，逐渐降低每个商品生产的固定成本及综合成本，从而促进生产量的增多和生产效率的提高，以期获得更多的生产利润。而共享服务所发挥的作用就是整合功能相同的部门，开拓新的业务，不断扩大企业的生产规模，使生产成本得到进一步的控制。

（2）竞争优势理论

处于共同的竞争市场和面对共同的消费人群的两个企业，能在激烈的市场竞争中占有更大市场比例并且获得更多利润的企业，必定是具有一定竞争优势的企业。而共享服务就是以形成企业的竞争优势为目的，不断更新管理理念并对相应资源进行整合。

（3）组织结构扁平化理论

这种理论的特点是打破以往传统公司的管理模式，压缩不必要的中间管理层，减少不必要的人员投入，从而构建一种较为直接的管理模式。减少不必要的人员投入有两方面的益处：首先对于领导者来说，有利于管理层更加直接地掌握市场动态，并以此为依据适时调整公司政策方向；其次对于基层工作人员来讲，中间管理层的削减有利于整个工作体制的简洁化。而共享服务的工作机制是将分离出来的冗杂工作统一解决，而核心工作由专业技术人员重点解决，即通过集中核心资源与优势技术来提升服务质量。这种组织结构扁平化理论，在减少运转资金、增强市场应变能力、顺应市场发展趋势、减少工作时间和提高工作效率等方面均具有显著优势。

（4）业务流程再造理论

这一理念是美国人迈克尔·哈默（Michael Hamme）最先提出的，他将业务执行或者说在实施过程中烦琐的不必要的程序剔除，并对必要的流程进行新的排列组合，最后依靠现代计算机技术实现再造的终极目标。所以，业务流程的再造其实是对业务流程进行了完全的改革。业务流程的再造在为共享服务节省成本、提高工作效率的同时，也对企业之间竞争的展开和整体社会价值的提升提供了保障。

（5）集团管控理论

母公司在合适的激励体制下，使各个分公司在积极响应母公司决策方案的前提下，鼓励员工排除万难，为实现母公司的战略意图努力奋斗。而在共享服务管理模式下，在母公司为子公司提供共享服务的同时，既减少了子公司的运行资金投入，又在一定程度上提高了信息采集与流通的效率和质量，提高了两者之间的知识匹配度。

（6）资源配置理论

资源配置理论即企业将相对稀缺的资源进行合理配置，以期用最少的资源收获最大的市场利益。而共享服务的运行机制正好与资源配置的理念一致，主要体现在共享服务实现了优势稀缺资源的重新整合，在一定程度上提高了资源利用率。同时优势资源的整合有利于企业集中力量做大事，从而获得更大的市场竞争力。

3. 财务共享的注意事项

财务共享对企业的发展有利也有弊，是一把"双刃剑"，虽然它是企业财务服务水平和整体效益快速提高的动力，但是，初始阶段投资高、回收期长、对原有体制造成冲击等都是财务共享这剂"药方"的副作用。为了扬长避短，最大限度地发挥财务共享的"正能量"，财务共享实施过程有以下几方面注意的事项。

（1）加强沟通，提高人们对财务共享平台的接受程度

对于任何一个企业来讲，财务共享服务都是一个新事物，都会对原有的企业经营和管理模式产生一定的冲击。新事物的发展往往会经历坎坷与磨难，也就是说新事物的发展前途是光明的，而过程却是坎坷的。也正因如此，财务共享服务在其运行初期必然会遭到一部分人的反对。在变革管理理论的持有者看来，任何一项重大变革都会经历这样一个时期：大部分人持观望态度，而支持者与反对者势均力敌。显而易见，变革成功的关键在于使大部分的观望者能逐渐接受新事物，并对其持支持态度。因此，对于要变革管理制度的企业来说，在变革的初期就利用舆论的压力迫使观望者转变态度至关重要。对于员工来说，他们持反对或者观望态度的原因大都是害怕变革失败影响个人利益，或者是对新事物有不适应感，因此，公司在共享服务平台投入运营之前和员工进行有效沟通是快速变革的必然之举。

（2）化解财务共享计划对原有企业文化的冲击

财务共享计划使得财务共享中心与公司其他业务部门间的关系由传统的行政等级制转换为业务合作伙伴关系，冲击企业之前形成的文化。财务共享平台在运行的初始阶段会因为员工的抵制而达不到原有的工作效率。在这种情境下，使工作中的员工保持工作的积极性十分必要。可以就财务共享中心与业务部门间的服务范围、成本和质量事先签署协议，照章办事，提高财务共享中心的工作效率。

（3）可靠的技术保障必不可少

超强的信息技术支撑是财务共享中心正常运转的保障，同时是解决其运行过程中出现的安全问题、灵敏度问题、产出效能等问题的安全技术保障。

（4）财务共享中心的选址也很关键

办公地址的合理选择是财务共享服务战略正确实施的第一步，也是最关键的一步。

是否有利于与外界沟通，沟通费用的高低，是否接近高质量劳动力或者劳动力是否充足，有无国家扶持政策或者相关法律法规，周围环境的好坏，是否接近广大消费人群等，都是选址时需要考虑的因素。

### （三）在线会计服务

1.在线会计服务内涵

所谓在线会计服务，是以互联网技术为基础，以云会计运行理念为指导而创建的以互联网为媒介的新型会计服务形式。开发商将财务软件分享在互联网平台上，用户根据自己的实际需要可以随时随地在互联网上获得所需信息，管理财务数据并支付相应的费用。

2.在线会计服务的特点

（1）会计业务开放化

在线会计服务通过将软件分享在互联网平台，为所有的消费者提供所需信息服务，企业任何工作人员都有机会接触企业财务信息，因而具有开放性的特点。

（2）经济主体对等化

在线会计服务在为会计行业的组织和单位提供服务的时候，二者之间是平等且对等的两个主体，二者应该互相尊重、共同进步。

（3）信息资源共享化

在线会计服务除将自己的信息以互联网的形式分享给会计相关工作人员外，也为相关工作人员交流经验、分享知识提供了平台。

（4）会计活动服务化

在线会计服务是一种与时代发展同步的网络新型服务形式，它在为企业相关决策人员提供理论知识和管理建议的同时，也为会计运转流程的设计提供了参考信息。也就是说在线会计服务可以通过互联网平台，以他人为中介为企业提供优质服务。

（5）会计业务高效化

在线会计服务，通过互联网的联系平台，以其方便、快捷、容易操作的特点广受会计工作人员的欢迎。会计工作人员可以在网络上随时做账和查找相关数据，在节约投入资本和时间的基础上，大大提升了会计行业的工作效率。

3.在线会计服务的优点

（1）企业可以低成本获得满意的会计服务

在互联网上以租赁的形式获得所需的有关服务及售后维修服务等，并支付一定的租赁费，这种服务形式使企业减少甚至是消除了大量设备投入资金和维护善后费用，完全消除了传统会计服务耗时、资金成本大、耗力等弊端。

在线会计服务软件的系统维修、更新等都是由开发商来负责，因此不仅节省了消费者的维修时间，也在很大程度上减少了日常设备、系统维修所需要的资金投入。

（2）为企业提供便捷的会计服务

使用在线会计服务的工作人员只要有计算机，便可以随时随地进行记账等相关日常工作，在工作进行的同时可以通过互联网将信息数据实时分享出去。而企业的管理人员通过互联网可以以邮件或者其他形式对公司的财务情况进行监督和了解。

（3）易学易用

与传统财务软件不同，在线会计服务软件不需要正式购买软件，只需在互联网上以租赁的形式使用；且不需要对已购买的软件进行不断的系统升级及与升级相对应的培训，而是在其软件自行完成更新以后，根据软件简洁、明了的用户指导说明，自行进行学习及应用即可。

（4）服务对象广泛

在线会计服务可适用的企业范围是从小型代理记账公司到大型上市公司，而其主要服务对象是经济市场中为数最多的中小型企业。

4. 在线会计服务的现状

在线会计服务是顺应互联网大数据时代而产生的新兴事物，与其对应的在线会计产品也是市面上不曾出现过的新兴产品，因此在其运行和社会推广进程中难免会遭到质疑或者存在问题。也就是说它本身仍存在一些不足，有待完善。这些不足主要表现在相关法律制度不健全、信息安全保障存在隐患、从业人员缺乏诚信、监督管理体制不规范等方面。然而不可忽略的是虽然在线会计服务的体制尚不完善，但其具有非常广阔的隐形市场有待开发，所以其发展前景是光明的。对于市场份额巨大的中小企业来说，在线会计服务的投入使用，在减少企业运转资金、提高企业财务能力和增加企业市场竞争力方面均具有显著作用。随着在线会计服务体制的逐渐完善和市场推广力度的不断增大，其优点得到了社会的广泛认可，在这样的背景下众多软件公司也纷纷加入它的行列。

## 二、会计信息化的概念和历史演进

大多数人在看到"会计信息化"这个词时，大概以为是利用计算机来处理会计事务。其实不然，会计信息化的过程没有那么简单，它需要使用各项技术，如信息技术等，这是一项复杂的作业过程。

### （一）会计信息化的概念及特征

1. 会计信息化的概念

会计信息化就是信息技术和会计信息系统融合的过程，即以计算机及网络通信技术为手段，通过建立技术与会计高度融合的开放的会计信息系统，运用会计信息处理软件对与企事业单位有关的会计信息资源进行深度开发和广泛利用，以促进企事业单位发展业务、提高经济效益，并向利益相关者提供多方位信息服务的过程。会计信息化程度主要反映在所使用的技术手段上，取决于经济业务和技术的发展，经济业务的发展导致新的业务形式和业务信息需求的变化；技术（信息技术和管理技术）的发展带来了会计目标和相应会计思想的变革。随着会计信息技术水平的不断提高，会计信息系统正在逐步完善，会计信息化的程度也在不断提高。

2. 会计信息化的特征

会计信息化的特征显著地体现在其所应用的计算机通信技术及会计信息系统上。

（1）会计信息化具有开放性

会计信息系统实时地处理随时被录入的各相关业务数据，并根据要求输出不同的报告，这决定了会计信息化的开放性。

（2）会计信息化具有渐进性

会计信息化程度的提高依赖于计算机及通信技术的进步，依赖于会计信息系统的逐步完善。从技术上讲，1946年世界上第一台计算机诞生时只是简单的数值计算，今天我们可以运用计算机技术从事航天、军事等复杂问题的研究，这种进步是快速的，但也是渐进性的。从会计信息系统的角度讲，按系统论的观点，系统是一个有着特定功能的有机整体，这种功能的完善是一个漫长的过程，不可能一蹴而就。从会计信息化经历的会计核算、会计管理、会计业务一体化、全面网络会计等发展阶段可以看出信息技术与会计信息系统的融合是逐步递进的一个过程。

（3）会计信息化具有互动性

会计信息系统具备系统的一般流程，即数据录入、整理、分析、储存、报告等环节，同时建立了与人进行多向、多位信息交流的方式。一方面，不同的业务人员向单位同一数据库录入数据信息，系统自动转化成会计信息，不同的信息使用人输入自己不同的需求参数，可以使系统输出不同要求的信息报告，从而获得自己所需要的信息。另一方面，信息使用人可以通过对系统的数据处理流程加以调整和改进，来满足特定的信息需求。通过会计信息系统的互动功能，使系统和信息使用人同时成为信息的提供者和使用者。

（4）会计信息化具有动态性

会计信息化的动态性体现在会计信息系统自身的发展进程和会计处理对象，即会计数据上。首先，从会计信息系统的角度讲，随着经济及计算机通信技术的发展，会计信息系统在会计核算、会计管理、会计业务一体化、全面网络会计各阶段，从低到高逐步进化完善，这是一个相辅相成的动态的过程；其次，从会计数据角度讲，无论是单位内部的数据（例如材料领料单、产量记录）还是单位外部的数据（例如发票、订单），无论什么时间什么地点，一旦发生，都将实时进入会计信息系统中进行分类、计算、更新、汇总、分析等一系列处理操作，以保证会计信息实时地反映单位的财务状况和经营成果。

（5）会计信息化具有集成性

信息集成的目的是信息共享。与企事业单位有关的所有原始数据只要一次输入会计信息系统，就能做到分次或多次利用，在减少了数据录入工作量的同时，实现了数据的一致、准确与共享。全面实现管理/决策型网络会计是会计信息化的最终目标，突出特点是实现会计信息和业务信息的集成化。会计信息化的集成性可以从以下三个方面来说明。

第一，同一个时间点上，集成三个层面的信息。首先，在会计部门内部实现会计信息和业务信息的一体化集成，即实现会计账簿各分系统之间的信息集成，协调解决会计信息真实性和相关性的矛盾；其次，在企事业单位内部实现会计信息和业务信息的集成，在两者之间实现无缝连接，使其真正融合在一起；最后，建立企事业单位与外部利益相关人（客户、供应商、银行、税务、财政、审计等）的信息集成。

第二，在时间链上集成与企事业单位相关的历史、目前、未来的所有信息。

第三，统一业务的多重反映。例如，对于固定资产折旧的计算，现行会计制度规定可以在历史成本的基础上选定一种方法，而现在可以选择多种方法同时计算，作为决策的参照。

## （二）会计信息化的相关理论

### 1.信息不对称理论

不同的主体在参与市场经济活动时，可以获得不同的信息资源。由于每个人的知识水平、市场敏感度存在差异，其对所掌握的信息的理解程度和分析能力也有所不同。对于信息相对真实、完整的主体来说，其占据的地位也更有优势。相对地，对于获取相对残缺、失真信息的主体来说，其占据的地位往往处于劣势。信息不对称理论的观点主要有以下四点。

第一，交易过程中，销售方比购买方掌握更多关于产品或劳务的信息。

第二，为获得额外收益，优质信息拥有者会向劣质信息拥有者提供优质信息。

第三，为追求信息对等，信息拥有的弱势一方会不断追求更多信息。

第四，市场信号的显示能够在某种程度上平衡信息不对称的情况。

每个社会成员身处现实生活之中，都会处于不同的外部环境，此外，由于个体的知识保有量和理性的思维能力参差不齐，导致信息不对称现象一直存在，也是当前社会无法消除的。甚至由于当前的社会形态，在今后的很长一段时间内，仍然会有少数人获取其他人根本无法取得的信息。两权分离是目前大型企业的最大特点，公司的所有者与公司的管理层之间都会存在不同程度的信息不对称现象。部分企业所有者并不直接参与企业的日常生产经营管理，而经理人与股东的利益目标不一致，通常情况下股东处于信息拥有的劣势。

会计信息化理论在会计领域的应用也具有同样的意义。企业管理层很可能为了自身的利益，例如达到绩效考核标准或提出升职加薪等目的，粉饰公司的盈利情况，或是以自己为出发点实施决策，提供公司信息。那么，对于获取公司的完整真实的信息，企业所有者就可能处于劣势。而企业会计信息化的实施及各类财务软件的广泛运用，实现了企业财务信息通过网络平台的快速流通，此时处于被动地位的企业外部使用者就能够获取比以往更全面、准确、及时的企业相关信息。会计信息化的实施、信息技术的诞生与运用，在一定程度上改善了当前市场中存在的信息不对称情况。前文中提到的，市场信号的显示能够在某种程度上平衡信息不对称的情况，各相关者之间存在的信息不对称现象会逐渐趋于平衡。企业隐藏负面信息的难度与成本将逐渐增大，因此各个公司都应该实施会计信息系统的建设，会计信息系统不仅可以提高会计人员的工作效率，而且能够全面提升企业生产经营管理能力，同时提高企业管理能力和核心竞争力。

2.利益相关者理论

20世纪，利益相关者概念被提出，并以此为基础建立了利益相关者的理论。利益相关者理论认为企业的发展壮大与利益相关者息息相关，企业在制定发展战略的过程中，必须将所有利益相关者的利益列入发展战略中，因为企业不可能离开利益相关者而独立存在。利益相关者整体都为企业的健康发展发挥了不可替代的作用。

随着网络技术的发展，社会各主体之间的交流更加便利，获取信息的渠道更加丰富，途径也越来越方便，信息质量越来越高，企业利益相关者之间的沟通成本越来越低，其实施考察和监督的方式和从前相比也增加了很多，而且多数都更加方便。因此，相关利益者的需求不断增加，要求也不断提高，他们希望公司公布更加透明、全面的信息，对于信息发布的时效性也要求更严格。例如，政府当局对企业内部信息化的规定标准提高，要求完善内部控制制度，以提高公司重要机密数据的安全性。这就要求企业建立严密的会计信息系统，使用各项功能更加强大的财务处理软件，以此作为企业数据的保障。另外，随着企业的发展，竞争越发激烈，公司管理层和所有者等利益相关者在制定发展战略、分析市场需求、分析对手竞争力等各项决策分析时，对相关财务信息的质量要求越来越高，这也在一定程度上促进了企业的会计信息系统发展与改革。

企业的会计信息化水平越高、会计信息系统越成熟，就越能满足其对财务信息高质量的要求。例如企业实施云计算的会计信息系统，能够实现公司内部会计信息的快速流通，实现企业内部数据实时可查，利用分析模型进行多维度数据分析，既能减少会计人员的工作量，提高工作效率，又能提高企业会计信息系统的管理控制能力，还能提升公司的核心竞争力。

因此，利益相关者理论要求企业既要满足整个利益相关者群体的利益，又要规划好企业的发展。公司的会计信息系统的建设受到利益相关者的影响，利益相关者们需要更高质量的信息，这就要求企业实现更高水平的会计信息化，逐步优化会计信息系统，让其在企业的生产经营中发挥优势。这在很大程度上促进了企业会计信息系统的发展。

## （三）我国会计信息化的历史演进

1. 我国会计信息化发展历程

（1）会计信息化的萌芽阶段

我国会计信息化的萌芽阶段为 1978—1998 年，在这一阶段，我国会计电算化从试验探索阶段过渡到有序发展阶段。

我国的大多数学者根据理论研究特点，将这一时期的会计信息化细分为两个阶段：前十年是对会计电算化理论基础的构建，包括会计电算化的内容和会计核算软件单项应用研究；后十年主要是对商品化会计核算软件整体研制、评审与推广及对会计软件市场发展的研究。

第一，会计电算化的试验探索阶段。1978—1988 年，我国会计电算化进入了试验探索阶段，这实际上也是一个无序发展的阶段。

1978 年，财政部拨款 500 万元给长春第一汽车制造厂，进行计算机辅助会计，核算工作试点，同时，在全国企事业单位逐步推行在会计工作中应用电子计算机。1981年 8 月，在财政部、一机部（第一机械工业部）、中国会计学会的支持下，由中国人民大学和长春第一汽车制造厂联合召开了"财务、会计、成本应用电子计算机问题研讨会"，并在这次讨论会上提出了"会计电算化"的概念，这标志着我国会计电算化已经起步。当时财政部会计司杨纪琬出席了这次讨论会，他是我国会计信息化最早的倡导者和推动者。这一阶段，我国还处于改革开放初期，工作重点是恢复、健全会计核算制度，计算机应用还处于起步阶段，计算机信息处理技术还比较落后，设备和人才都很缺乏，对于会计信息化的理论研究也相对较少，20 世纪 80 年代相关研究文章只有 98 篇，会计信息化发展相对缓慢。这一时期的学者主要以专著的形式来研究会计信息化，代表作品主要有中国人民大学王景新教授撰写的我国第一部会计电算化专著《会计信息系统的分析与设计》及《计算机在会计中的应用》，还有我国台湾地区的林蕙真教授撰写的探讨会计电算化内部控制与计算机审计的《电脑化会计资讯系统之控制与审计》。1987 年 11 月中国会计学会成立了会计电算化研究组，会计电算化的理论研究开始得到重视。

第二，会计电算化的有序发展阶段。1989—1998 年，我国会计电算化进入了有序发展阶段。

随着会计电算化的深入开展，要求加强组织、规划、管理的呼声越来越高，各地区、各部门也逐步开始了对会计电算化工作的组织和管理。财政部从 1989 年开始对会计电算化进行宏观管理，制定并颁布了一系列的管理制度，如《会计电算化管理办法》《会计电算化工作规范》等，使会计电算化有了较大的发展，基本上形成了会计软件市场并逐步走向成熟。90 年代中后期推出的"两则""两制"与全国范围内的会计大培训及会计电算化初级上岗证的施行，使我国的会计电算化事业取得了突飞猛进的发展。

会计信息化理论研究在这一时期也得到长足的发展。袁树民较早地阐明了电算化会计系统的设计要经过系统分析、系统设计、系统实施及系统运行与维护四个阶段的生命周期法，并指出一个完整的会计信息系统应该包括会计核算系统、会计管理系统和决策支持系统三个子系统。郭文东对计算机会计信息系统的人机接口设计进行了研究。葛世伦从信息系统硬件的可靠性、软件的安全性和组织管理的完备性分析了会计信息系统设计的安全性因素。王景新教授研究了会计电算化下的内部控制内容与设计，提出了管理制度、职能分离、授权控制、时序控制、防错纠错措施、修改限制、文件属性控制、安全控制、防毒措施、管理控制、访问控制等十多项控制内容。此时广大学者已经开始对会计信息系统网络环境下的设计、应用及内部控制进行研究，分析了我国会计软件由核算型向管理型改造的理论基础，确定了会计信息系统将成为今后的研究重点。

（2）会计信息化的产生及初步应用阶段

1999—2002 年，我国会计信息化产生并得到了初步应用。

随着市场经济的高度发展及现代金融、证券、保险、期货等金融衍生工具的产生，企业已不再是单纯的生产经营单位，投融资和资本运作及集团企业下的内部财务资金管理居于越来越重要的地位，并提出了企业集团财务管理的协同管理模式，"会计信息化"这一概念也应运而生。

1999 年 4 月 2 日至 4 日，深圳市财政局与金蝶公司在深圳联合举办了"会计信息化理论专家座谈会"，提出建立开放的会计信息系统，进而引出了会计信息化的概念及其含义，标志着我国会计信息化的产生。此时，一方面人们将目光转移到"会计信息化"这一概念上来；另一方面，随着电子商务、ERP（企业资源计划）、SCM（软件配置管理）、CRM（客户关系管理）等信息系统的发展，网络技术在会计领域深入运用，极大地推动了会计的信息化和网络化。杨平波探讨了网络环境下会计信息系统的物理安全、会计信息安全、网络系统安全、人员管理安全等问题；马万民研究了会计信息系统硬件、软件和网络安全两方面的关系。此时，学者们也开始重视对于会计信息化实施的研究，给出了企业实施会计信息化的五个重要条件，即企业需要、部门协调、管理基础、专业人员和经费保证。

（3）会计信息化的推进与发展阶段

2002年至今，我国会计信息化仍处于持续发展状态。

随着会计信息化软件在企业中的广泛应用，我国会计理论界开始对会计信息化的理论进行更深入的研究。2002年起，中国会计学会每年都定期召开会计信息化年会，至今已召开二十届，涉及的会计信息化相关理论主题众多，对会计信息化理论进行了深入的研究与探讨。在此期间，曾任中国会计学会会计信息化专业委员会主任的杨周南为会计信息化年会的召开和会计信息化的发展起到了极大的推动作用，在第二届会计信息化年会上，杨周南在"会计信息化若干问题的研究"主题发言中，阐述了会计电算化向会计信息化转变中的若干理论问题，给出了会计信息化的概念和会计信息化的内涵；在第六届会计信息化年会上，杨周南首次提出将工程学的理论和方法引入内部控制体系，建立内部控制工程学，对内部控制的物理模型构建展开了研究，该论文为信息化环境下内部控制研究提供了新的思路，开辟了新的领域，引起了相关学术界的兴趣和密切关注。在第七届信息化年会组织的XBRL（可扩展商业报告语言）辩论会上，杨周南作为"反方"代表，谨慎地认为将XBRL视为财务报告发展的"全部未来"或"不一的选择"等观点失之偏颇，并指出应研究是否存在适用性更强的某些技术或模式能够替代XBRL。庄明来教授在《我国上市公司宣告采用XBRL的市场反应研究》一文中也表明，XBRL的应用对于我国的上市公司股价反应并不显著，并给出了原因及建议。

我国政府也积极颁布政策制度，以推进我国会计信息化及其相关软件产业的发展。2002年以来，财政部门允许地方对各单位甩账实行备案制，不再组织应用验收。2002年10月，国家经济贸易委员会企业改革司委托用友公司组织编写了《企业管理信息化基本知识系列讲座》，成为我国企业开展信息化工作的权威普及读本。同时，国家标准化管理委员会发布了《财经信息技术会计核算软件数据接口》，从而建立了会计信息化的标准体系结构。

2. 我国会计信息化的发展现状

虽然我国会计信息化起步较晚，但由于经济的快速发展和企业管理需求的不断增加，我国的会计信息化也伴随着ERP的发展而迅速发展。

我国的 ERP 产品主要有两种：一种是厂商在国外 ERP 软件基础上结合国内企业实际情况直接开发的 ERP 产品；另一种是财务软件厂商在面临市场发展势头下降以寻找新增长点而转型开发的 ERP 产品，强调账务管理的功能。

与先进的信息管理理念和信息技术相比，我国的会计信息化存在诸多不足。

第一，管理会计实际运用率不高。

第二，系统数据的集成性不高。有关调查资料表明，90% 以上的大中型企业都实施了会计信息化，部门级财务软件虽然提高了财务人员的工作效率，但实际上形成了信息孤岛，并未给企业整体效益带来明显提高。

第三，成本管理体系缺陷突出。偏重实际成本核算，内部量本利分析不足，以凭证驱动业务流程，而不是以流程来产生凭证。

第四，以 REAL 模式为代表的新会计模式的应用还需加强。

但在国内企业管理环境中，我国的会计软件也存在以下优势：①初始设置更加简明，输入界面更符合中国财会人员的习惯；②提供了完全满足我国政府及各级财务部门需要的财务报表；③功能稳定，基本满足了各行业会计工作的要求。

3. 会计信息化的发展趋势

会计信息化随着其自身的发展已经成为一种重要理论来指导会计工作，会计信息化从单一的理论朝着综合化的方向发展。在会计实践工作中，会计工作涉及许多方面的信息，会计信息较复杂。现在，分类的会计信息化走向综合化的发展趋势日益明显。

会计信息化向细化方向发展。当今知识经济高速发展，对会计信息化也有了更高的要求，在这种趋势下，要不断地寻求能够适应经济快速发展的会计信息化发展分支学。进一步深化细化会计信息化的内容，这满足了会计信息化发展的新要求。

会计信息化向边缘化发展。会计信息化的发展为信息化融合发展提供了可能性，尤其是进入新世纪，随着技术、科技、经济的高速发展和衔接，会计信息化的融合趋势日渐明显，同时要求会计信息化在更高的层面发展，使会计信息化融合发展应运而生。

总之，会计信息化是会计发展和企业生存发展的必然要求。但同时要注意，企业会计信息化建设是一个十分漫长的过程，是一个渐进发展的过程，不可能一蹴而就，现在我国的会计信息化水平与信息经济的发展要求还有很大的差距，企业的会计信息化可以说是革命尚未成功，同志仍需努力，任重道远。

## 三、信息化时代财会改革理论

尽管我国会计理论研究在近年来取得了非常丰富的研究成果，在促进会计发展的同时，也促进了经济社会的发展，从而对市场经济与资本市场的建设与发展起到了非常重要的推动作用。但是，国家根据《中华人民共和国国民经济和社会发展第十三个五年规划纲要》和《国家财政"十三五"规划》的有关要求，制定的《会计改革与发展"十三五"规划纲要》（简称《规划纲要》）提出，"随着我国经济结构调整和发展方式转变，会计工作面临许多新情况、新问题，要求会计法制、会计标准必须适应环境变化不断完善、强化实施，要求会计从业人员必须转变观念、开拓创新。要求会计监管和宏观管理必须改进监管方式、形成监管合力和牢固树立服务理念，在认真总结过去五年会计行业成绩经验基础上，科学引导会计行业在未来五年健康顺利发展"。这就要求会计教育朝着专业化与法治化的方向发展。

## （一）"十三五"时期会计改革任务

根据《规划纲要》确定的指导思想、基本原则和总体目标，"十三五"期间会计改革和发展的重点任务主要包括以下项目。

1. 切实加强会计信息化建设

积极适应国家"互联网＋"行动计划和"大数据"战略的新要求，努力为业务数据与财务数据的深度融合营造有利的政策环境。要加强顶层设计，做好企业会计准则通用分类标准的维护和完善工作，推动其在监管领域和企业管理领域的应用。要研究探索会计信息资源共享机制、会计资料无纸化管理制度等。要认真抓好《企业会计信息化工作规范》等制度的贯彻落实，积极探索推动行政事业单位会计信息化工作，推动 XBRL 在政府会计领域的应用。

2. 深入实施会计人才战略

要实现会计行业的发展，就必须建设一支规模宏大、结构合理、素质优良的会计人才队伍。因此，要完善会计人才培养模式，创新会计人才培养方式，大兴爱才、敬才、用才之风，为会计行业发展奠定基础。要继续深入开展全国会计领军人才培养工程，制定《全国会计领军人才培养工程发展规划》，健全全国会计领军人才培养工程及其特殊支持计划长效机制，创新领军人才的选拔、培养机制，完善考核、使用制度，不断充实全国会计领军人才队伍，并持续推进全国会计领军人才培养工程特殊支持计划。同时，因地制宜地引导各地财政部门和中央有关主管单位，开展符合自身实际需要的会计领军人才培养工作。推动在大中型企业、行政事业单位配备总会计师（财务总监），深入推进大中型企事业单位总会计师素质提升工程。加快推进管理会计、政府会计、国际化会计人才等行业急需紧缺专门人才的培养，注重发挥用人单位在人才培养中的积极作用，建立健全会计人才联合培养机制，营造高端会计领军人才成长的宽松环境。

要进一步改革会计专业技术资格考试评价制度，改进选才评价标准，完善考试科目设置，提高考试水平与实践能力的匹配度，推动增设正高级会计专业技术资格，形成初级、中级、高级（含副高级和正高级）层次清晰、相互衔接、体系完整的会计专业技术职务资格评价制度。

要认真做好会计专业技术资格考试和注册会计师考试管理工作。会计专业技术资格考试和注册会计师考试肩负着选拔人才的重任，是人才培养和执业准入的重要环节，也是引领会计人才成长的风向标，做好这项工作意义重大。

要不断完备会计人员继续教育制度，增加专科职称才能，使会计训练场所标准化，更深层次推进会计教育变革，增强会计专科学历研究生教育工作。增加会计思想建立工作，设计会计人员工作思想典范，提升会计人员的工作素养和教养。

3.高度重视会计管理队伍建设

要担负起艰辛而沉重的会计变革与进展职责，并大力推进会计事务的转换与晋级，塑造一个有思想、有承担、懂专科、有大局观、干实事的会计管理队伍，队列的核心是人。会计管理队伍建设需要被各个财政单位看重，并设立一种培养机构，它面对基础会计管理人员要把新政策、新制度专科培养与垂直培养相融合，力争把会计管理队伍的才能与素养提高；举行精确化的管治训练、策略训练、理念训练、规章训练和规则训练，对相关人员的技能弱项、体验误区、知识空缺进行训练，使他们的才能和自信提高。聘用与筛选会计管理人员要受到各个地方财政单位的重视，使会计管理队伍拥有越来越多的高素养、有担当、作风优良的干部。同时，每个会计管理人员也要爱惜自身的家庭、工作与人生，坚持正确的理念，自动遵守纪律，认真履行职务，踊跃承担责任，争取奉献自己的力量推动会计行业的发展与变革。

### （二）以创新引领会计信息化

当今世界，信息技术创新日新月异，以数字化、网络化、智能化为特征的信息化浪潮蓬勃兴起。适应和引领经济发展新常态，增强发展新动力，需要将信息化贯穿我国现代化进程始终，加快释放信息化发展的巨大潜能。信息化已经成为开展各项会计工作的基础环境，会计信息化工作，对于推动会计信息化创新，助力会计工作转型升级具有深远的意义。

1.推进会计信息化创新的重要意义

会计工作是经济社会发展的基础，信息化是当今世界发展的必然趋势，会计工作与信息化建设密切相关、相辅相成、相互促进。在信息技术创新不断加快的情况下，积极推进会计信息化创新具有重要而深远的意义。

第一，推进会计信息化创新，是顺应信息技术发展趋势、贯彻落实国家信息化战略的重大举措。

第二，推进会计信息化创新，是助力供给侧结构性改革、服务财政中心工作的客观要求。习近平《在庆祝中国共产党成立 95 周年大会上的讲话》指出，要坚持以发展新理念引领经济发展新常态，加快转变经济发展方式、调整经济发展结构、提高发展质量和效益，着力推进供给侧结构性改革。财政支持结构性改革的重要举措包括支持"三去一降一补"、推动理顺价格关系、推进城乡要素流动、优化投资结构等。

第三，推进会计信息化创新，是顺应市场经济发展要求、提升企业经营管理水平、实现会计工作职能和手段转型升级的有力支撑。会计是通用的商业语言，会计信息在反映企业经营状况、引导资源配置、完善基于市场供求的价格形成机制等方面具有重要意义。

第四，推进会计信息化创新，是顺应经济全球化发展要求，是参与国际规则制定和协调的必然选择。随着世界多极化、经济全球化、文化多样化、社会信息化的深入发展，全球治理体系深刻变革，谁在信息化上占据制高点，谁就能够掌握先机、赢得优势、赢得安全、赢得未来。推进会计信息化创新，加强会计信息化标准化方面的工作，全面介入有关国际会计信息化标准的研究与制定工作，充分发挥中国在会计信息化标准方面的国际影响力，不断学习借鉴国外先进成果并大力推进自主创新，积极促进我国会计信息化领域的标准成为国际标准，实现会计信息化工作的"弯道超车"。

2. 会计信息化工作取得的成绩

一是会计信息化工作的顶层设计已经基本完成。会计信息化工作需要调动多方面的积极性共同推进，在各单位的支持下，财政部先后建立了会计信息化委员会、可扩展商业报告语言中国地区组织和全国会计信息化标准化技术委员会。其中会计信息化委员会是我国会计信息化标准体系建设、实施和管理工作的咨询机构和协调机构，成立之初由当时的财政部、工业和信息化部、中国人民银行、审计署、国务院国有资产监督管理委员会、国家税务总局、中国银行业监督管理委员会、中国证券监督管理委员会和中国保险监督管理委员会（简称保监会）等部委以及企业、高校、软件厂商和咨询机构组成。可扩展商业报告语言中国地区组织是可扩展商业报告语言国际组织的正式国家地区组织，成员由会计信息化委员会的成员单位组成，是我国可扩展商业报告语言工作国际交流平台，负责推动可扩展商业报告语言在中国的应用。全国会计信息化标准化技术委员会是负责会计信息化领域国家标准制定的专业技术委员会，负责会计信息化领域的国家标准的起草和制定。

二是会计信息化标准体系的建设已经基本就绪。按照《关于全面推进我国会计信息化工作的指导意见》"标准先行"的思路，财政部以会计信息化标准制定为切入点，重点加强会计信息化标准体系建设，目前已经建立起较为完整的会计信息化标准体系。这一标准体系包括：①可扩展商业报告语言技术规范系列国家标准，用于规范可扩展商业报告语言相关计算机软件，于 2010 年制定发布；②企业会计准则通用分类标准，用于编制可扩展商业报告语言格式财务报告，于 2010 年发布，2015 年进行修订；

③会计软件数据接口标准，用于交换账簿和凭证数据，以国家标准形式发布。

三是可扩展商业报告语言在资本市场、国有资产和保险等监管的应用已经初具规模。目前，可扩展商业报告语言已应用于资本市场信息披露、国有资产财务监管、保险偿付能力监管等相关领域。目前，上海和深圳证券交易所的所有上市公司在年度和季度财务报告披露中使用了可扩展商业报告语言。国资委基于财政部通用分类标准制定发布了国资委财务监管报表 XBRL 扩展分类标准，逐步扩大可扩展商业报告语言在央企财务监管中的应用。保监会在其第二代偿付能力监管中应用可扩展商业报告语言，目前我国所有的保险公司都已经向保监会报送可扩展商业报告语言格式的监管报告。人力资源和社会保障部在企业年金和职业年金监管领域也在制定相关的可扩展商业报告语言分类标准。可扩展商业报告语言在上述监管领域的应用有助于监管部门提升监管效能。可扩展商业报告语言获得了越来越多监管部门的支持，在我国的应用正不断拓展。

四是可扩展商业报告语言对企业的应用价值已经初步显现。在实施通用分类标准的基础上，部分企业正在探索将可扩展商业报告语言应用从对外报告向内部应用领域拓展，并启动了应用项目。这些项目运用可扩展商业报告语言统一标记企业内部数据，形成统一的结构化数据体系，为管理会计提供高质量的数据支持。目前，已有多个项目完成并投入使用，取得了良好的应用效果。例如，中石油湖北销售公司以可扩展商业报告语言标记了该公司全部信息系统产生的数据，初步形成了涵盖所有业务领域的运营大数据，在传统方法难以量化管理的环节上逐步实现了精细化管理。浦发银行以可扩展商业报告语言标记了财务部门和多个业务部门共享的数据集市，实现了服务于管理会计的"业财融合"。随着越来越多的企业探索可扩展商业报告语言的内部应用，我国企业应用可扩展商业报告语言的内生动力逐步增强。

五是可扩展商业报告语言数据的互联互通已经显露雏形。在会计信息化委员会各成员单位的支持下，财政部已逐步建立起一套横跨财务报告领域和不同监管领域的可扩展商业报告语言分类标准"家族"，这些分类标准彼此之间互相兼容，为可扩展商业报告语言数据的互联互通奠定了坚实的标准基础。在这一分类标准"家族"中，财政部负责制定用于财务报告领域的通用分类标准，并联合监管部门制定通用分类标准、在不同监管领域的扩展分类标准。这些分类标准采用相同技术架构，对于监管报告中涉及的财务概念、监管分类标准直接引用通用分类标准的定义，不再重复定义，统一标准确保了可扩展商业报告语言数据可以相互兼容，进而使得监管部门之间数据互联互通具备了基础。同时，企业可以将多个监管部门不同的分类标准和报送要求置于同一个信息系统中，以便自动组装并生成对不同监管部门的报告，有效降低了企业对外报送的负担。随着监管扩展应用范围的不断扩大，通过统一标准实现数据互联互通的优势将逐步显现。

# 第三节　信息化对传统教育的影响

## 一、传统教学模式的特点

我国各阶段教学实践中长期以来普遍采用的教学模式是传递—接受教学模式。它源于赫尔巴特及其弟子提出的"五段教学",后经凯洛夫等人重新加以改造传入我国。我们又根据教学的实践经验以及现代教育学与心理学理论,对其加以调整,形成了我们今天所说的传递—接受模式。

这种模式的基本程序是:激发学习动机—复习旧课—讲授新知识—巩固运用—检查评价。自改革开放以来,我国教育界在教学模式上也进行了一些探讨,提出了许多教学模式,但本质上仍属于以教师为中心的教学模式。这种模式的优点是有利于教师主导作用的发挥,有利于教师对课堂教学的组织、管理与控制;但它存在一个很大的缺陷,就是忽略学生的主动性、创造性,不能把学生的认知主体作用很好地体现出来。不难想象,作为认知主体的学生如果在整个教学过程中始终处于比较被动的地位,肯定难以达到比较理想的教学效果,更不可能培养创造型人才,这就是传统教学模式的最大弊端。

## 二、信息化教学模式的优势

信息化教学模式是根据现代化教学环境中信息的传递方式和学生对知识信息加工的心理过程,充分利用现代教育技术手段的支持,调动尽可能多的教学媒体、信息资源,构建一个良好的学习环境,在教师的组织和指导下,充分发挥学生的主动性、积极性、创造性,使学生能够真正成为知识信息的主动建构者,从而达到良好的教学效果。

信息化教学模式的关键在于从现代教学媒体构成理想教学环境的角度,探讨如何充分发挥学生的主动性、积极性和创造性。我们知道,以计算机为主的现代教学媒体(主要指多媒体、计算机、教学网络、校园网和因特网)的出现带来了传统教学媒体所无法具备的特性:计算机交互性、多媒体特性、超文本特性、网络特性。这些特性能够使学生在课堂上的地位有所改变,使学生能够真正积极主动地去探索知识,而不再是被动地接受知识信息,成为知识信息的主动建构者。在这种模式下,教师成为课堂教学的组织者、指导者,学生建构意义的帮助者、促进者,而不是知识的灌输者和课堂的主宰者。信息化教学模式具有以下几方面的优势。

### （一）丰富了学习资源，有助于优化学习情景

现代教育技术手段为课堂教学所提供的教学环境，使得课堂上信息的来源变得丰富多彩，教师和课本不再是唯一的信息源，多种媒体的运用不仅能够增加知识信息的含量，还可以充分调动学生的多种感官，为学生提供一个良好的学习情境。

### （二）拓展了教学手段，有助于提高学生积极性

现代教育技术手段的加入，尤其是计算机和网络的加入，使教师的主要作用不再是提供信息，而是培养学生自身获取知识的能力，指导学生的学习探索活动，让学生主动思考、主动探索、主动发现，从而形成一种新的教学活动进程的稳定结构形式。在整个教学活动进程中教师有时处于中心地位（以便起主导作用），但并非自始至终如此；学生有时处于传递—接受学习状态（这时教师要特别注意帮助学生建立"新知"与"旧知"之间的联系，以便使学生实现有意义的学习），但更多的时候是在教师指导下进行主动思考与探索；教学媒体有时作为辅助教学的教具，有时作为学生自主学习的认知工具；教材既是教师向学生传递的内容，也是学生建构意义的对象。可见，这样有利于提高学生的主动性和积极性。

### （三）推进了个别化学习，有利于落实因材施教

计算机的交互性，给学生提供了个别化学习的可能。计算机可以通过多媒体技术完整呈现学习内容与过程，自主选择学习内容的难易、进度，并随时与教师、同学进行交互。在现代教育技术手段所构造的教学环境下，学生可逐步摆脱传统的教师中心模式，学生由传统的被迫学习变为独立的主动学习，在学习过程中包含更多的主动获取知识、处理信息、促进发展的成分，有利于因材施教。

### （四）引导了互助互动，有利于实现合作学习

计算机网络特性有利于实现培养合作精神，并促进高级认知能力发展的协作式学习。在网络的帮助下，学习者通过互相协同、互相竞争或分角色扮演等多种不同形式来参与学习，这对于问题的深化理解和知识的掌握运用很有好处，而且对高级认知能力的发展、合作精神的培养和良好人际关系的形成也有明显的促进作用。

### （五）优化了学习环境，有助于培养创新精神

多媒体的超文本特性与网络特性的结合，为培养学生的信息获取、信息分析与信息加工能力营造了理想的环境。众所周知，因特网（Internet）是世界最大的知识库、资源库，它拥有最丰富的信息资源，而且这些知识库和资源库都是按照符合人类联想思维的超文本结构组织起来的，因而特别适合于学生进行"自主发现、自主探索"式

的学习，这样就为学生发散性思维、创造性思维的发展和创新能力的孕育提供了肥沃的土壤。

## 三、信息化教学模式的局限性

### （一）课堂局面不易控制

在信息化教学模式中，教师作为信息源的地位有所降低。在信息获取的过程中，教师的主要作用不是直接提供信息，而是培养学生自身获取知识的能力，指导他们的学习探索活动，因此，教师在教学中的控制支配地位明显地降低了，学生探索性学习的自由空间则更加广阔了。教师不再像过去那样直接以知识权威的身份出现，而是要激发学生的学习动机，引导他们在精心设计的学习环境中进行探索，提高解决问题的能力。教师从传统课堂教学中的主讲者转变为管理者、辅导者，而不是说教者，改变了千百年来以教师讲授、课堂灌输为基础的，劳动强度大、效率低的传统教学模式。在这种情况下，教师会失去以往的权威地位，在这个信息丰富的环境中，每个学生在学习过程中可能会出现各种出乎意料的情况和问题，教师必须在不同的情况下做出不同的反应，如果教师在驾驭各种信息技术的能力上有所欠缺，或对课堂上将会出现的情况准备不足、随机应变能力稍差时，就有可能无法很好地控制课堂上的局面，这也给信息化教学模式的成功实施带来阻碍。

### （二）信息化教学条件难以满足

先进的现代教育技术手段的使用，要求学校的教学设备条件不断更新和升级，学校的教育技术水平不断提高。但在幅员辽阔的中国，由于经济发展不平衡，各地的教育发展也不平衡，再加上经济条件的限制，部分学校不具备购置必要教学设备的能力。此外，先进的教学设备对教师教育技术水平要求也较高，这些都为信息化教学模式的施行带来阻碍。

## 四、传统教学模式与信息化教学模式的对比

### （一）理论基础不同

传统教学模式的主要理论基础是奥苏贝尔的"学与教"理论。该理论主要包含以下三个方面内容："有意义接受学习"理论、"先行组织者"教学策略以及"动机"理论。所谓"有意义接受学习"理论，顾名思义，就是认为学习的真正意义并不是学习具体知识点，而是通过学习获得对知识所反映事物的性质、规律以及事物之间关联的认识。其关键是要把学习者原有认知结构中的某个方面与当前所学的新概念、新知识之间建

立起一定的实质性联系。所谓"先行组织者"教学策略是指先向学生介绍与其原有认知结构相联系的、概括性和包括性的材料，然后再具体到学习任务，这样可以使学生的学习更加有效。所谓"动机"理论，则是认为学习者的学习动机将直接影响学习效果。

信息化教学模式不同于传统教学模式，它主要是以"建构主义学习理论"为基础。何为"建构主义学习理论"？该理论认为：学生是整个学习过程中的主体，他们是意义的主动建构者，学生在一定的学习环境下是主动地获取知识，而非被动地接受知识。

### （二）主要因素不同

传统教学模式的主要因素有教师、学生、教学内容和教学媒体。在该模式中，教师要根据教学大纲的要求和学生的特点以及认知基础选择教学内容，在课堂上通过口头讲授以及板书等方式传授给学生知识，课后布置一定的作业。学生通过课堂上的听讲，将所学知识进行吸收、消化，然后完成作业交给老师，老师批改并反馈意见。在这种教学模式中，教师和学生之间虽然存在着一定的交互，但是时间跨度比较大，程度上也比较弱，学生之间的交流也局限于小范围，比如同桌之间、前后桌之间等。

信息化教学模式的主要因素除了教师、学生、教学内容、教学媒体之外，还有教和学的支撑平台。在该模式中，教学方法很灵活，教师可以根据教学大纲的要求和学生的特点以及认知基础灵活选择教学内容，然后制作多媒体教学课件、网络课件，或者设计开发网络课程、精品课程，将其发布到公开的教学平台中心，学生上网进入该中心，注册登录，选择相应课程进行学习。在此过程中，教师可以通过 QQ 等通信工具布置作业、批改作业并且及时回答学生的问题，学生之间也可以互相交流，相互提问，还可以用 QQ 等向教师提问。此外，教师还可以利用网络资源收集大量教学资料用以备课，并为课程资源库添加各种多媒体素材资源，学生可以进入课程资源库查阅资料，进行学习。

### （三）管理体制不同

传统教学模式是在以前的计划经济体制下产生的，所以它带有计划经济体制痕迹。无论是教学计划还是经费预算都是由国家统一编制和下达，其教学任务、学费标准、专业设置等都由国家统一管理，然后由各个学校组织完成。信息化教学不同于传统教学，在"教"与"学"以及管理体制上都发生了深刻的变化。首先，对于"教"的人——教师，必须熟练掌握计算机的常用技术，并对网络功能也有深入的了解，同时要结合自己的教学经验对学科体系的发展有一定的把握。其次，国家对信息化教学是完全开放的，所以一切具体工作，像专业设置、课程安排、教学进度等方面的市场调研都由学校根据自己的具体情况组织实施。

### （四）社会影响不同

与传统教学模式相比，信息化教学模式灵活性很大，学生可以根据自己的知识基础和兴趣爱好自由选择学习内容，学习的广度和深度都由他们自己掌握。所以信息化教学模式刚一出现就得到了人们的积极响应，迅速发展起来，其拥有学生范围之大、对社会影响之深是前所未见的。

## 五、信息化对传统教学的影响

### （一）信息化改变了传统教学的方式

网络和多媒体技术应用于教育领域，必将对现有教学方式产生深刻的影响，它们的应用主要体现在以下几方面。

1. 引入了多媒体技术

多媒体技术可以提供图、文、声并茂的教学手段，使教学过程更加丰富多彩、引人入胜。它的另一个特点是具有人机交互性，教学时人和计算机之间可以进行方便的交流，具体的教学进程和内容可以由学生自由控制。它的使用也极其简单，通常只要会用鼠标点击甚至用手指在计算机屏幕上触摸就可以选择所需的资料开始学习，控制学习的进程。

2. 网络技术的应用

计算机网络将计算机和通信相结合，大大拓宽了计算机单机的功能，使得计算机不仅只是处理文字和数据，而且具有通信交流的功能。世界各地的人都可以通过计算机网络相互间进行合作交流。学校里，学生可以通过网络向教师提问，教师也可以通过网络来回答；联网的所有用户可以共享网上的信息和技术。计算机网络也突破了传统观念中的教室、学校乃至国界的约束，例如，现在的网上大学使教师和学生可以在全国各地，通过计算机网络进行正常的教学和答疑，学生之间还可以通过网络相互交流。

3. 多媒体网络教学系统的应用

多媒体网络教学系统，是由服务器、教师、主机和学生工作站联结而成的计算机网络。教师通过主机控制整个网络的每一个终端，同学生进行交互会话，学生在自己的计算机前接受教师的指导进行学习。这套系统非常适合在校园网内部使用，目前已经有很多成熟的产品供选用。

### （二）信息化改变了传统教学的模式

网络和多媒体技术在教学中的应用改变了传统的教学模式，体现出几个鲜明的特点。

**1. 实现了教育资源共享**

教育资源不仅与国家的经济水平、教育体制、文化水平等密切相关，而且受到政府和国民对教育的重视程度的影响。因此，从整个世界来看，国家之间、地区之间的教育资源分布是不均匀的。借助于互联网，把各国的教育资源联系起来，供全球分享，这样就可以使生活在教育资源贫乏国家的人们能够学到更多的知识。

**2. 实现了个性化学习**

传统的学校教学总是围绕着教师、课堂、教科书进行，从而使得学生自主性的培养与发挥受到限制，教师在同时面对数十个学生、教学时间有限的情况下，很难进行有针对性的学习指导，致使因材施教和个性化学习难以实现。互联网的建立为教学改革开辟了新的途径，提供了一个汇集世界各地先进学校、研究所、图书馆等各种信息资源的庞大的资料库，这便于学习者学习、了解当前社会发展和科技进步的最新知识，同时可以得到专家们提供的"个性化"的教学指导。在网上，教学内容、教材、教学手段和辅助教学手段（如参观、实验）以及考试等都可以因人、因需而异，自主选择性强，学习者的主观能动性和个性潜能可以得到充分发挥，从而实现个性化学习。

**3. 实现了交互式学习**

互联网把文字、图形、影像、声音、动画和其他多媒体教学软件的先进技术有机地融合在一起，可以模拟现实环境，其效果是任何单一方式无法比拟的，有利于学习者对知识的获取与保持；师生无须见面，利用网络讲座、网络辅导与答疑等便能进行课程教学；学习者在网络课堂上可随时发表见解而不影响其他人听课，同一时间内还可接受两门或多门学科的教育，达到学习目的。

**4. 实现了教育社会化和学习社会化**

在现代社会中，科学技术正以前所未有的速度迅猛发展，仅靠学校教育提供的知识供学习者终身享用的传统教育模式显然不能适应社会发展的需要，人们必须从一次性的学校学习走向终身学习。网络教育的发展，一方面可将教育由学习扩展到家庭、社区、农村和任何信息技术普及的地域，提高教育社会化的程度；另一方面，人们还可根据自身在不同时期的不同需要，通过上网有目的、有计划地进行学习。这种学习不仅可以存在于学校或类似机构中，而且可以出现在办公室、娱乐场所、家庭和社会活动中，从而促使"学习即生活"的理想变为现实，帮助人们把生活的学习化作为一种生活状态，最终达到学习社会化。

# 第四节　信息化时代财务会计教学产生的新变化

随着社会经济的发展和信息技术的不断进步，现代信息技术环境下的会计教学也迎来了更多的机遇与挑战。我们要做的是改善信息技术环境，使其能够进一步地完善和提升，促进会计教学在良好的环境中有效地开展，积极探索教学模式，在发展中为会计教学提供可借鉴的经验和新的启示。改善信息技术环境首要了解的就是现代信息技术对现代会计教学的影响。

## 一、信息技术对财会教育培养目标与课程设置的影响

作为一项跨世纪的高校教育，会计教育必须面向新世纪，加快改革步伐，加强信息技术教育，构建适应信息化时代的大学会计教育中的信息技术教育框架，为适应信息社会的发展及其对会计人才的需要，必须改革课程设置、更新教学内容，注重培养学生运用信息技术的能力。

### （一）信息技术对财会教育培养目标的影响

21世纪是全球信息化的时代，在以信息技术为核心的知识经济中，劳动力资源日益知识化，人的知识成为创造价值的主要源泉。同时，人力资源管理也从简单的人员调配，向人员智力开发、潜能挖掘、知识积累及发挥创造性的综合能力方向发展，教育已成为人力资源管理的一个重要环节。在知识经济中，财会人员的自身价值也发生了质的变化，会计活动已成为一项重要的管理活动，特别是以计算机技术、通信技术和网络技术为核心的信息技术在企业管理中的运用，使会计活动融入经营活动中，并直接参与社会财富的创造。在这种形势下，会计人员在知识结构、基本技能及自我能力的开发等方面，与传统会计人员相比，有了更高的要求，从而对会计教育也提出了不同的要求。

传统会计教育在培养目标上，只注重"应知""应会"，即只要求会计人员掌握会计的基本知识和基本操作技能，能够完成账务处理、报表编制及一般的财务管理工作。但在以信息技术为核心的知识经济时代，只掌握会计知识的会计人员不仅难以完成会计工作，更无法胜任财务管理工作。因此，现代会计教育培养目标必须适应信息技术不断发展和企业经营环境不断变化的要求，不仅要培养会记账的会计人员，更要培养能够运用现代信息技术进行财务管理的管理人才。

会计人员不仅要通晓会计理论与实务，掌握现代工商管理知识，具有较高的外语

水平，还要掌握计算机操作技能、会计软件使用和维护技能，以及网络技术、电子商务等一系列新技术与新知识。

会计人员应把更多的精力放在组织管理、职业判断、分析预测、参与决策等方面，应具有较强的逻辑分析判断能力和创造性思维能力，能协助企业领导者。

会计人员作为企业业务的综合管理者，应从会计的角度对业务过程的合理性进行评价，积极涉足新的业务发展领域，敢于采用新方法和新技术。

会计人员应能妥善处理与高层经理、业务人员、客户之间的工作关系，了解企业内部与外部的业务情况，以便更好地发挥辅助决策的作用。在信息技术环境下，企业的业务流程和管理组织将进行重组，传统的"金字塔"式的企业组织结构将被团队式的以高效率工作小组为基础的管理结构所代替，计算机辅助协同工作将成为企业的主要管理模式。在这种管理模式下，每个成员的工作都可能对企业的整体利益发生重大影响，这就要求会计人员有良好的团队协作精神。

### （二）信息技术对财会教育课程设置的影响

在众多财经类院校财会专业现有的课程体系中，与信息技术相关的课程主要有计算机应用基础、电算化会计、电算化审计等。在这些课程设置中，计算机及信息技术处理方面课程的比重和深度还不够，不能很好地适应信息技术发展对会计工作的要求。

在现代信息技术条件下，数据共享、网络传输已成为信息管理的主要方式。

鉴于会计信息与生产信息、经营信息在很大程度上已融为一体，在设置会计课程时，必须考虑信息技术环境下处理会计信息的需要。首先，在信息技术环境下，许多会计数据直接从业务数据库中获取，会计信息系统中的账、证、表均存储在数据库中，财务人员在进行财务分析和财务管理过程中需调用相关数据库中的数据，因此，会计人员应掌握数据库系统的工作原理及相关技术。其次，会计信息系统是管理信息系统的一个子系统，它与管理信息系统的其他子系统之间均有数据联系，以实现相互协作，共享数据。在信息技术环境下，会计工作向管理方面的转变及电子商务的出现，都要求会计人员必须了解和掌握管理信息系统和电子商务方面的知识。

面对信息技术的飞速发展及其在企事业单位的广泛应用，会计教学中应增设与信息技术相关的课程，如计算机网络基础与组网技术、数据库原理、管理信息系统、电子商务等课程。这些课程是会计电算化专业的必修课，会计专业的学生可以根据其爱好与需求进行选修。在这些课程的教学过程中，不仅应加强学生对信息技术的理解和对信息技术应用的掌握，而且要强调对会计信息系统的分析与设计的理解。

为了适应 21 世纪的发展，我们认为，该课程的内容应该随着信息技术和审计理论与实务的发展不断完善，通过本课程的学习，使学生理解和掌握计算机审计的对象与内容、计算机会计信息系统的内部控制、计算机会计信息系统审计的方法，掌握计算机审计软件，能够正确地分析计算机舞弊的手段并提出防范建议，为学生未来的注册会计师工作打下基础。

## 二、信息技术对财会教学的影响

现代信息技术的应用将为构建新的财会教学模式提供理想的教学环境。当前，高等教育财会教学改革的关键在于如何充分发挥学生在学习过程中的主动性、积极性、创造性，使学生真正成为学习的主体和信息加工的主体，而不是外部信息的被动接收器和知识灌输的对象，教师如何真正成为会计课堂教学的组织者、指导者、促进者，而不是知识的灌输者和课堂的主宰者，要实现这样的教学改革目标，就不应离开现代信息技术的支持。多媒体、计算机的特点为传统会计教学模式的改革提供了良好的教学环境。

### （一）多媒体的交互性优化了教学环境

多媒体的交互性有助于激发学生的学习兴趣，充分体现学生在教学过程中的主体作用。多媒体教学注重多感官的刺激，通过多感官的刺激所获得的信息量，比单一听教师讲课好得多，且更符合人类的认知规律，因而也就更有利于教学效能的提高。多媒体的交互性有利于充分发挥学生的主体性。在这种交互式学习环境下，学生可以按照自己的学习基础、学习兴趣来选择所要学习的内容和适合自己水平的作业练习，实现学生学习的自主化、个性化。多媒体的交互性所提供的多种参与活动为发挥学生学习的主动性、积极性、创造性提供了良好的教学环境。

### （二）多媒体的超文本特性强化了教学效果

多媒体的超文本特性可实现对教学信息资源最有效的组织与管理。超文本（Hypertext）即是按照人脑的联想思维方式，用网状结构非线性地组织管理信息的一种先进技术。我们要充分利用多媒体、超媒体、超文本等方法表述会计教学信息内容，与学生大脑知识的网状结构相匹配，使教学信息内容走向形式多样化、思维个体化、交叉化和综合化，使每个学生都能根据自己的学习需求，寻找学习专业知识的切入点，并且多层次、多角度地对所感兴趣的问题进行探讨分析，再把各种会计学科知识进行有机的组织和链接，最后系统掌握会计理论与方法。根据超文本的特性，可以按照会计教学目标的要求，把包含不同媒体信息的教学内容组成一个有机的整体。例如，在讲授《基础会计学》时，传统的印刷教材对会计核算程序这部分教学内容只能采用文字表述方法，学生由于对会计岗位缺乏了解，对这部分教学内容难以理解，假若我们能深入会计核算单位，用摄像机将单位有关的会计核算工作的全过程，包括审核原始凭证、填制记账凭证、登记会计账簿及编制会计报表拍摄下来在课堂上插播，辅之以相关的凭证、账表等实物展示，再结合会计核算程序的动态演示，把这些包含不同媒体信息的教学内容组合在一起，就能取得较好的效果。

### （三）计算机的网络特性提升了教学实效

计算机的网络特性和虚拟特性有助于解决会计教育资源滞后于现实需要的问题，有助于培养学生的合作、创新精神和信息素养。

1. 有利于实现教育信息资源的共享

利用计算机的网络特性可以使得教育信息资源实现共享，使会计教学活动的时空限制大大减少。通过建立学院教师教学素材库、学生在线学习资料库和电子作业系统、学生的会计实验软件系统和实验案例库，可以把学院内优质的会计教学资源集中起来，放在学院的会计教育网站，供学生随时随地进行在线学习或下载。利用计算机的虚拟特性，可以创建虚拟化的教学环境，如虚拟教室、虚拟实验室、虚拟校园、虚拟图书馆等，使教学活动可以在很大程度上脱离物理空间与时间的限制。

2. 有助于培养学生的合作精神

利用计算机的网络特性可以培养学生的合作精神并促进发展高级认知能力的协作式学习。所谓协作式学习，就是要求教师为多个学生提供对同一问题用不同观点进行观察和分析比较的机会，目前基于计算机网络环境下的协作式学习主要有讨论、竞争、协同、伙伴和角色扮演等多种形式，例如，教师可以指导一个班级的学生就某一个会计热点问题进行研究，显然，网络就成为同学们最好的学术交流和共享研究成果的平台，每个同学可将搜集的资料、自己的研究结论和观点在网上公布，全班同学通过网络进行讨论，通过网络共享资料、共享观点，协调研究步骤，由此推动学生在各自原有的基础上深化研究，最后完成自己的研究论文。

3. 有利于培养创新能力和信息化会计能力

创新能力和信息化会计能力是 21 世纪高素质会计人员的两种重要能力。国际互联网作为世界上最大的，拥有丰富信息资源的知识库、资源库，这些知识库和资源库都是按照符合人类联想思维特点的超文本结构组织起来的，因而特别适合学生进行自主发现、自主探究性学习，学生在国际互联网的知识海洋中可以自由探索，对所获取的大量会计学信息进行分析、评价、优选和进一步加工，再根据自身的需要充分加以利用，将对学生形成良好的信息素养起到积极的作用。

综上所述，将现代信息技术与会计教育教学有机地结合，将大大优化教学过程，充分发挥学生的学习主动性、积极性、创造性，为学生合作精神、创新能力、信息化会计能力的培养创造最理想的教学环境，而这样的教学环境正是创新会计教学模式所不可缺少的。

# 第二章 会计信息系统的构成与建立

## 第一节 会计信息系统的构成

### 一、会计信息系统的划分方法

按单位的类型划分会计信息系统，可分为工业企业会计信息系统、商业企业会计信息系统和行政事业单位会计信息系统等。在每类会计信息系统中，又分为三个层次：其一是核算型；其二是管理型；其三是决策支持型。在会计信息系统内部，根据业务的需要又分为若干功能模块，根据目前的发展趋势，会计信息系统的内部模块划分将越来越细，并逐步增加一些分析和管理类的子模块。例如，按照会计信息系统的服务层次和提供的信息深度可分为以下几种类型。

#### （一）核算型会计信息系统

此系统一般由账务处理、销售及应收、采购及应付、存货核算、工资核算、固定资产核算、报表、领导查询等子系统构成，它注重对经济业务的事后反映。

#### （二）管理型会计信息系统

此系统注重预算管理，制订计划，在执行过程中进行控制，对执行情况进行检查，对数据进行分析等，扩展了会计信息系统的职能，使其从简单的事后核算转变为事前计划、事中控制、事后核算和分析。

#### （三）决策型会计信息系统

此系统是在核算型会计信息系统和管理型会计信息系统的基础上，进一步为经营决策者的决策提供帮助，使决策者做出科学的决策。

通常所说的会计信息系统一般指核算型会计信息系统和管理型会计信息系统，而把决策型会计信息系统归入企业决策支持系统之中。

## 二、按单位类型划分会计信息系统

### （一）工业企业会计信息系统

工业企业的特点是要对购进的商品（原材料）进行加工，使之成为产成品，然后进行销售。工业企业的特点决定了工业企业的会计信息系统主要对其产、供、销过程进行核算、反映和控制，因此，需要建立与生产过程有关的会计子系统。尽管不同的生产特点要求不同的核算方法，但其核算的内容却大同小异，因此，其子系统划分的方法基本一致。

### （二）商业企业会计信息系统的构成

商业企业主要从事商品的采购与销售活动，因此有关材料、原料方面的核算很少甚至没有，固定资产管理要求比较简单，成本计算方法单纯，工作量少，但商品采购业务、存货管理、销售业务等方面的工作量较大。

### （三）其他类型的会计信息系统

对各种定位的会计信息系统来说，它们之间有一定的差别，但基本模块大致是相同的，不同之处主要体现在管理的要求、模块的复杂度上。一般来说，账务、工资、固定资产、报表等模块是基本可以共用的，差异不是很大。专用性最强的是成本核算模块和其他一些根据管理特点设计的专用性模块。

## 三、会计信息系统中各个子系统的功能及关系

会计软件的基本结构是从系统的功能层次结构来反映的，功能结构是指系统按其功能分层分块的结构形式，即模块化的结构。一个系统可以划分为若干个子系统，每个子系统可划分为几个功能模块，每个功能模块再划分为若干个层次，每个层次沿横向分为若干个模块，每个模块都有相对独立的功能。一个子系统对应一个独立完整的管理职能，在系统中有较强的独立性，一个功能模块完成某一管理业务，是组成子系统的基本单位；一个程序模块则实现某一具体加工处理，是组成功能模块的基本要素，各层之间、各模块之间也有一定的联系。通过这种联系，将各层、各模块组成一个有机的整体可以实现系统目标。

大部分的会计软件按会计核算功能划分为若干个相对独立的子系统，由于系统每一部分的功能简单明了且相对独立，因此各子系统的会计信息则相互传递与交流。从而形成完整的会计信息系统。会计软件中具备相对独立地完成会计数据输入、处理和输出功能的各个部分，称之为会计软件的子系统。

一个典型的会计软件主要有账务处理、工资核算、固定资产核算、存货处理、成本核算、销售核算、应收及应付账款、会计报表、财务分析等子系统。根据行业的特点，也将一些模块扩展和深入，或简化合并，形成不同定位差异的会计信息系统。

## （一）账务处理子系统

账务处理子系统是会计软件的核心系统，它以输入系统的会计原始数据或电子记账凭证为基础，按会计科目、统计指标体系对其所反映的经济内容进行记录、分类、计算、加工、汇总，输出总分类账、明细分类账、日记账及其他辅助账簿、凭证和报表。账务处理子系统完成手工账务处理的记账、算账、对账、转账、结账工作。生成日记账、总账和除各子系统生成的明细账之外的全部明细账。一些账务处理子系统还具备出纳管理、银行对账和往来账管理的功能。一般账务处理子系统还具备部门核算和项目核算的功能，以及相应的自定义核算项目功能。

账务处理子系统主要功能有初始建账，凭证的输入、修改、审核、记账、查询及汇总，日记账、总分类账及明细分类账生成、查询及打印，期末结账等功能。出纳管理包括收入管理、支出管理、出纳账处理等。银行对账包括对账单输入、修改，银行对账等。

## （二）工资核算子系统

工资核算子系统主要是进行工资的修改、计算、发放，以及工资费用的汇总和分摊等工作，并生成工资结算单、职员工资发放条、工资结算汇总表、工资费用分配汇总表、票面分解一览表、职工福利费计提分配表等，并自动编制工资转账凭证传递给账务处理子系统。部分工资子系统还有人事基本信息、考勤信息、工资历史信息等基本信息管理、工资代储、个人所得税计算、养老保险及个人收入台账等处理功能。

其主要功能有工资初始设置，职工工资基础资料编辑，工资增减变动及工资数据编辑，工资计算汇总，生成工资转账凭证，各种工资单、工资汇总表及发放表查询打印等功能。

## （三）固定资产核算子系统

固定资产核算子系统主要是用于固定资产明细核算及管理。该子系统实现了固定资产卡片管理、固定资产增减变动核算、折旧的计提与分配等工作，生成固定资产卡片、固定资产统计信息表、固定资产登记簿、固定资产增减变动表、固定资产折旧计提表，并自动编制转账凭证供账务处理子系统使用。

其主要功能有固定资产卡片结构设置、固定资产分类编码设置、固定资产折旧方法定义、固定资产凭证定义、固定资产卡片输入及变动修改、固定资产变动资料输入、固定资产折旧的计算、固定资产明细账查询打印、固定资产计算、固定资产增减查询等。

## （四）存货核算子系统

存货核算子系统可分为存货核算、材料存货库房管理、材料核算账务处理、材料采购发票的处理四大类功能。

存货核算主要包括原材料和库存商品两类，有以下几方面主要功能：

1. 及时准确地反映采购业务的发生、货款的支付及存货的入库情况。在按计划成本计价的情况下，自动计算和分配存货成本差异，生成采购明细账、成本差异明细账、在途材料明细表和暂估材料明细表。

2. 正确反映存货的收发结存数，提供存货的库存动态状况，及时反馈各种积压和短缺的存货信息，生成存货明细账、存货库存信息表等。

3. 根据各部门各产品领用材料（存货）情况，自动进行材料费用的分配，生成材料费用分配表，对于供销售的存货要计算销售成本。

4. 自动编制转账凭证传递给账务处理子系统和成本核算子系统。

其主要功能有材料存货库房管理、材料核算及其账务处理、材料采购发票的处理及库存商品成本管理等部分。

存货库房管理包括编码及类型的设置，库房及库位设置，出入库单据类型设置，材料盘点，各种出入库单编辑、复核及记账、查询，材料采购明细账、材料领用明细账、材料收发存明细账等账簿的查询及打印，材料结存计算及结存表查询及打印等功能。

材料核算及其账务处理包括材料入库的账务处理、应付账款及应交税金的账务处理、材料付款的账务处理、暂估入账的账务处理等功能。

材料采购发票的处理包括材料采购发票的输入、复核及记账，增值税发票抵扣明细表的生成、查询及打印等功能。

库存商品管理包括库存商品成本数据的转入、计算及输入，库存商品入库及出库处理等功能。

## （五）成本核算子系统

成本核算子系统可以实现各种费用的归集和分配，及时准确地计算出产品的总成本和单位成本，并自动编制转账凭证供账务处理子系统使用。

成本核算子系主要功能有产品目录结构设置，在产品的成本初始，产品产量等统计数据输入，成本有关子系统费用数据归集，费用汇总分配，成本计算，产品成本汇总表、商品产品成本表及主要产品单位成本表计算查询打印、成本转账凭证生成等。

## （六）销售核算子系统

销售核算子系统一般要和存货子系统中的库存商品核算相联系，实现对销售收入、销售费用、销售税金、销售利润的核算。生成销售明细账、发出商品明细账、应收账款明细账、销售费用明细账、销售成本明细账、销售收入、税金、利润汇总表、销售利润明细表等，并可自动编制凭证供账务处理子系统使用。

其主要功能有合同管理录入、查询、修改，往来单位编码管理，商品代码管理，人员编码管理，未核销业务初始录入，发票录入、修改及记账，收款单录入、修改及记账，应收账款自动及手动核销，应收账款总账及各种销售明细账、账龄分析表的查询及打印，销售转账凭证定义生成等。

## （七）应收、应付账款子系统

应收、账款子系统完成各应收账款的登记、冲销工作，动态反映各客户信息及应收账款信息，并可进行账龄分析和坏账估计。应收账款主要有以下基本功能：

（1）发票管理：将订单信息传递到发票，并按订单查询发票的功能列出需要审核的发票，打印已经审核的发票，提供发票调整的审计线索，查询历史资料。

（2）客户管理：提供有关客户的信息。如使用币种、付款条件、付款方式、付款银行、信用状态、联系人、地址等。此外，还有各类交易信息。

（3）付款管理：提供多种处理方法，如自动处理付款条件、折扣、税额和多币种的转换，能够列出指定客户的付款活动情况。

（4）账龄分析：建立应收账款客户的付款到期期限以及为客户打印结算单的过期信息，并打印对账单。

应付账款子系统完成各应付账款的登记、冲销及应付账款的分析预测工作，及时反映各流动负债的数额及偿还流动负债所需的资金。

应付账款是处理从发票审核、批准、支付到检查和对账的业务，它可以为什么时候付款，是否付全额，或是否现金折扣提供决策信息。应付账款模块与采购模块、库存模块完全集成。应付账款有以下主要功能：

（1）发票管理：将发票输入之后，可以验证发票上所列物料的入库情况，核对采购订单物料，计算采购单和发票的差异，查看指定发票所有采购订单的入库情况，列出指定发票的有关支票付出情况和指定供应商的所有发票和发票调整情况。

（2）供应商管理：提供物料的供应商信息。如使用币种、付款条件、付款方式、付款银行、信用状态、联系人、地址等。此外，还有各类交易信息。

（3）支票管理：处理多个付款银行与多种付款方式，能够进行支票验证和重新编号，将开出支票与银行核对，查询指定银行开出的支票、作废支票和打印支票。

（4）账龄分析：根据指定的过期天数和未来天数计算账龄，也可以按照账龄列出应付款的余额。

## （八）会计报表子系统

会计报表子系统是按国家统一会计制度规定，根据会计资料编制会计报表，向公司管理者和政府部门提供财务报告。会计报表子系统能实现各种会计报表的定义和编制，并可进行报表分析和报表汇总。该系统生成的会计报表包括对外会计报表和会计管理需要的会计报表。

其主要功能有新表登记、表格格式定义、报表变动单元数据来源及计算公式定义、报表编制及公式校验、报表合并、汇总、查询及报表输出等功能。有的会计报表子系统还具有进行财务分析的功能。

## （九）财务分析子系统

财务分析是在核算的基础上对财务数据进行综合分析的，不同的会计软件其分析的内容也有所不同，一般功能有预算分析、前后期对比分析、图形分析等。

## （十）会计信息系统各子系统之间的关系

1.账务系统与其他子系统之间的关系

（1）总体关系。账务系统是会计信息系统的核心，其他系统是账务系统的补充。账务系统的主要作用是管理账簿和按科目分类指标。其他子系统是业务管理模块。

（2）账务处理子系统与工资核算子系统之间的数据联系。工资核算子系统的主要任务是计算职工的应发工资、实发工资、计提有关费用，代扣款项，是将工资费用进行分配。工资核算涉及银行存款、应付工资、生产成本、制造费用、管理费用、销售费用、在建工程等科目，核算的结果通常以凭证的形式传递给账务处理子系统。

（3）账务处理子系统与固定资产核算子系统之间的数据联系。固定资产核算子系统的主要任务是管理固定资产卡片，反映固定资产增减变动，计提折旧，分配折旧费用等。固定资产核算涉及固定资产、累计折旧、在建工程、固定资产清理、制造费用、管理费用等科目。核算的结果通常以凭证的形式传递给账务处理子系统。

（4）账务处理子系统与存货核算子系统之间的数据联系。存货核算的主要任务是反映存货的收、发、结存情况，归集材料成本差异、商品进销差价等，成本计算，结转各种发出商品的成本及差异；存货核算涉及的科目有原材料、物资采购、应付账款、生产成本、制造费用、管理费用、材料成本差异、商品进销差价等，核算结果通常以凭证的形式传递给账务处理子系统。

（5）账务处理子系统与销售及应收核算子系统之间的数据联系。销售及应收核算子系统主要是核算销售收入、应交的税金及应收款项。在核算过程中，都要生成记账凭证传递到总账系统。同时销售及应收核算子系统还与现金银行核算子系统传递数据，现金银行核算模块在收到款项后会核销对应款项。因此，业务核算模块不但与财务处理子系统相联系，彼此之间也存在联系。

（6）账务处理子系统与报表子系统的数据联系。报表子系统编制上报的会计报表和内部管理用的报表。上报的会计报表，其数据基本能从账务处理系统各科目的余额、本期发生额、累计发生额、实际发生额等数据项目中获取。内部管理用的报表比较复杂，可能从账务系统中取数，也可以从其他子系统中取数，例如可以从销售及应收子系统中取数，以编制销售明细表等。

2. 存货子系统与其他子系统之间的联系

存货子系统从采购及应付子系统获得存货增加的数量及取得成本，以反映存货数量的增加数和购进存货的成本。存货子系统从销售及应付子系统获得存货发出的数量以反映存货数量的减少数。存货子系统取得了存货的增加和减少数量，才能得出期末存货的数量，并取得了购进存货的成本，才能正确地计算出已销售出库存货的成本和期末存货的成本。存货子系统要将售出的商品（或者因其他原因出库的商品）的成本以凭证的形式将数据传递到账务处理子系统。

3. 销售及应收核算子系统和其他子系统之间的联系

销售及应收子系统要将销售商品的数量转给存货子系统，以便存货子系统在期末时正确计算销售成本并进行成本结转。销售及应收核算子系统将应收款项数据传入现金银行子系统，以便在收到款项后对相应的应收款项进行核销。销售及应收子系统要将销售收入及应交税金数据以凭证形式传送给账务处理子系统进行核算。

# 第二节　会计信息系统的模式

## 一、会计信息系统在组织上的差别

会计的手工业务是一个比较规范的系统，主要表现在有规范的会计准则、会计制度，并按业务分为账务与报表、工资、固定资产、往来、采购、成本、销售等，分别组织核算。一些规模较大的单位在具体组织业务时，还按资金、成本、综合、销售、财务等业务分工设置部门，一些规模较中等的单位则只成立不分下属部门的财务管理部门，而一些小单位则只有一两个会计人员，只成立会计室。再小的单位则请兼职会计人员或代理记账公司完成会计核算工作。因此，影响会计信息系统的因素主要有以下几个方面。

### （一）规模的大小

主要指人数、固定资产规模、产值产量、销售业务量、管理的组织模式。在不同的规模下，会计的业务量不同，会计的要求也不同。比如在小规模的单位里，主要是手工作坊式的管理，会计业务量不大，只需要完成账务和报表的处理，其他核算非常简单，会计人员也只有几个人，甚至一个人。

### （二）会计业务的组织形式

随着规模的扩大，在业务上需要分工，规模越大，分工越细。分工的形式一般是按业务内容分成几个组（室、科、处），在每个组内又按业务内容分工，由若干人完成。

### （三）单位内部的组织形式

会计信息化的物理组织模式一般分为两种：一种是集中核算组织模式，在这种组织模式下，各业务核算部门的房间一般都相邻。另一种是分散组织模式，在这种模式下，某些核算科室相距较远（如销售核算部门与销售业务部门在一起等）。

### （四）对业务分析的要求

在不同规模的单位里，对业务分析的要求也不同。小规模单位，由于业务量小，数据不多，并不需要计算机辅助分析和管理，会计信息化的目的主要是用计算机替代手工记账和完成报表的编制工作；中等规模的单位，业务分工较细，需要各个核算模块辅助会计核算；大规模的核算单位，业务分工很细，数据量大，对会计提供信息的速度和质量都有较高要求，各个业务核算部门之间往往有一定的距离，必须有各核算模块辅助整个会计核算。

## 二、实施会计信息系统的几个层次

### （一）基本应用层

基本应用层主要是账务和报表的应用。其他核算如工资、固定资产等业务处理量很小，非常简单，一般不用单独核算，只设立辅助账进行核算就可以了。

### （二）核算应用层

核算层主要是账务与报表、工资、固定资产、材料采购核算、往来核算、成本核算、销售核算。主要任务是完成日常会计核算，基本实现会计信息化。

### （三）管理应用层

一些大中型规模单位，经济过程十分复杂，数据量大，光凭人脑已难以分析。在这一层上，主要是对核算后生成的数据进行分析，基本方法是对比、差额、比率和应用一些分析模型进行资金、成本、利润等的分析和管理。在应用模块上，就需要全面预算、资金管理、资产管理、合并报表等。同时，还需要和 ERP 一体化，实现生产经营、财务管理的集中管理。

### （四）决策支持应用层

决策支持系统是为克服管理信息系统的不足而发展起来的直接针对决策层，为中高级领导提供有效的决策支持的信息系统。会计决策支持系统是决策支持系统的一个分支，模型库中主要存放预测、计划、分析、投资等方面的基本模型。

## 三、会计信息系统模式

### （一）小规模模式会计信息系统

小规模的会计信息系统以账务为核心，主要完成记账、算账、报表等核算工作。对于其他如固定资产、材料等只设辅助账核算，而工资计算等一般使用一个通用的表处理软件进行辅助计算。

在技术上，一般就是单机或几台计算机构成的简单小型网络系统。

### （二）中等规模模式会计信息系统

中等规模会计信息系统具备会计信息系统各个核算模块，其主要目的是进行核算工作和基本的分析与管理工作。

在技术上，一般是一个较大的局域网络系统，或者还存在部分跨地域的管理系统。

### （三）大规模模式会计信息系统

大规模会计信息系统要求功能复杂，数据量大，在网络系统下，既要求充分实现数据共享，又要求各业务核算岗位能独立处理，有的还有并账和合并报表、全面预算、资金管理等模块的要求。

在技术上，一般是基于互联网的跨地域系统，通过数据大集中的方式，实现分布式业务处理与集中管理。

### 四、会计信息系统的物理组织模式

#### （一）单机组织模式

单机组织模式是在一台计算机上运行会计信息系统，这种模式的优点是维护简单，投资很少，适用于业务量不大的单位使用。该模式的缺点比较多，包括：①每次仅能一人上机处理数据，不方便；②不能同时处理多项业务，实时性差；③已生成的会计信息，仅能在一台计算机上利用，信息的共享性差；④一台计算机能处理的会计业务项目、会计业务有限，对业务量大或有许多项会计业务开展会计信息化的单位不可行。

#### （二）多用户组织模式

多用户组织模式是以一台高档微机为主机（也可用大中型计算机），另根据需要连接若干终端实现数据的集中处理。这种模式的优点是维护简单，可靠性高，投资也较少，能够实现会计数据的实时处理。缺点是运行效率受主机影响很大，连接的终端数量有限制，而且只要主机有问题，则会全部瘫痪，这种模式适用于业务处理量不是很大的单位。如果主机采用大中型计算机，就能实现大中型规模应用，但相应的投资和维护费用就会大大提高。

#### （三）网络组织模式

网络组织模式是以一台高档微机为服务器，另外根据需要连接若干个工作站。这种模式的缺点是投资相对较高，维护难度相对较大。其优点有：①处理的所有数据都存放在服务器内，可以共享；②可多人同时操作对一项业务或多项业务进行处理，实时性好；③可将会计业务之间的联系体现在一套会计软件系统中，充分体现了会计是一个信息系统的特点；④工作站的数量可以达到几百个甚至上千个，适应性较强；⑤可通过互联网或专线实现局域网之间的连接，实现一个较大的网络数据处理系统。对于大型单位和跨地区的单位，它都是一种比较好的组织模式。

### 五、集团会计信息系统模式

集团结构的组织是一种垂直模式，通过基层单位、中间单位的会计信息系统和集团会计信息系统构成。

在集团会计信息系统中，全面预算和资金管理是属于业务运行管理和监控的系统，其主要管理内容如下：

## （一）全面预算

企业编制适合企业自身的预算，满足管理者的需求，同时起到责权利均衡的作用，十分重要。全面预算管理是由一系列预算构成的体系，各项预算之间相互联系，关系比较复杂，很难用一个简单的办法准确描述。全面预算管理是以企业的经营目标为基础，以销售额为出发点，进而延伸到生产、成本、费用和资金收支的各个方面，最后编制预计财务报表的一种整体预算。其特点是以销定产，使预算的每一个部分、每一项指标围绕着企业经营决策所确定的目标利润来制定。具体编制全面预算时，应先编制营业预算和专门决策预算。在营业预算中，应首先编制销售预算，其次依次编制生产预算、直接材料预算、直接人工预算、制造费用预算、期末存货预算、销售及管理费用预算等，同时编制各项专门决策预算。最后，根据业务预算和专门决策预算再编制财务预算。各项预算相互牵制、互为因果。

## （二）资金管理

作为集团企业，资金的管理极其重要，主要包括以下方面：①加强资金预算和资金分析。对开户单位的资金流动做到事前预算、事中控制和事后分析。利用先进的计算机信息技术，自动生成资金日报，加强资金分析，辅助领导科学决策。②有效地利用资金沉淀，降低财务费用；通过资金运作，发挥集团资金效益。③优化流程，提高效率。简化业务流程，将结算中心的业务前移，提高结算中心的工作效率。④加强资金监控。对资金使用情况进行全过程的监控，确保资金安全运行。

# 第三节　会计信息系统的基本要求

会计核算必须执行一系列的规章、制度和方法，这在传统手工方式下是靠会计人员来具体执行，由上级部门、审计部门、税务部门来进行检查的。实施会计信息系统后，原来进行数据处理的环节由计算机代替，而且由程序自动处理，十分隐蔽。为此，我国经过多年的探索，建立了会计软件的基本评估体系，以确认会计软件是否满足有关要求。

## 一、对会计信息系统基本要求的含义

对会计信息系统的基本要求，就是指会计软件设计应达到的基本要求。为什么要对会计软件做最低限度的要求，而不给出高标准的要求呢？主要原因有以下几个方面。

首先，这是由行政法规的性质所决定的。制度规范只能是各单位普遍能达到的最基本的要求。

其次，对标准上限要求很难确定：一方面是由于会计软件的研制技术及相关的科学技术在不断发展；另一方面也存在着许多流派，一些理论问题还存在着很多分歧。而行政法规中不宜把目前还不能普遍做到的或有争议的问题作为规范固定下来，以免影响行政法规的可操作性。

因此，基本要求可以理解为会计软件的合法性要求。一个会计软件达不到这些要求，就不能说是合法的。

## 二、对会计信息系统的基本要求

会计信息系统是一个数据处理系统，从会计软件的整个运行过程来看，可分为输入、处理和输出三个阶段。在输入阶段，操作人员将经过审核的原始凭证或记账凭证输入电子计算机。在处理阶段，计算机对输入的数据进行自动处理，登记机内账簿，生成相应的报表和资料。最后一个阶段是输出阶段，计算机将会计账簿、报表等会计信息通过打印机、显示器等设备输出。会计软件和相应数据的安全、可靠是软件运行的基本保证，贯穿于从输入到输出的全过程。如何判断一个会计软件是否合格，财政部曾在 89 字第 65 号文件《会计核算软件管理的几项规定（试行）》对上述四个方面提出了 10 条基本要求。1994 年 6 月，财政部又发布了《会计电算化管理办法》《商品化会计核算软件评审规则》和《会计核算软件基本功能规范》三个文件，原颁布的《会计核算软件管理的几项规定（试行）》同时停止执行。在《会计核算软件基本功能规范》中，对会计软件从以下方面做出了要求，这里将主要部分加以介绍。

### （一）总的要求

会计软件不同于一般的软件，由于会计数据的特殊性，必须要求会计软件的设计应符合我国法律、法规、规章的规定，保证会计数据合法、真实、准确、完整，有利于提高会计核算工作效率。

会计软件应当按照国家统一会计制度的规定划分会计期间，分期结算账目和编制会计报表。由于中外合资企业和部分特殊企业需要按其他会计期间提供数据，因此，会计软件应根据用户需要同时具有提供按照其他会计年度生成参考性会计资料的功能。

会计软件在设计性能允许使用范围内，不得出现由于自身原因造成死机或者非正常退出等情况。

### （二）会计数据的输入

1. 输入的手段

会计软件的会计数据输入采用键盘手工输入、介质转入和网络传输等几种形式。

2. 初始化功能

（1）输入会计核算所必需的期初数据及有关资料，包括总分类会计科目和明细分类会计科目名称、编号、年初数、期初累计发生额及有关数量指标等。

（2）输入需要在本期进行对账的银行对账单。

（3）选择会计核算方法，包括记账方法、固定资产折旧方法、存货计价方法、成本核算方法等。

（4）定义自动转账凭证（包括会计制度允许的自动冲回凭证等）。

（5）输入操作人员岗位分工情况，包括操作人员姓名、操作权限、操作密码等。

（6）初始化功能运行结束后，会计软件必须提供必要的方法对初始数据进行正确性校验。

3. 合法性要求

会计软件中采用的总分类会计科目名称、编号方法，必须符合国家统一会计制度的规定。

会计软件应当提供输入记账凭证的功能，输入项目包括填制凭证日期、凭证编号、经济业务内容摘要、会计科目或编号、金额等。输入的记账凭证格式和种类应当符合国家统一会计制度的规定。

4. 正确性检查

记账凭证的编号可以由手工输入，也可以由会计软件自动生成。会计软件应当对记账凭证编号的连续性进行控制。

在输入记账凭证过程中，会计软件必须提供以下提示功能。

正在输入的记账凭证编号是否与已输入的机内记账凭证编号重复。

以编号形式输入会计科目的，应当提示该编号所对应的会计科目名称。

正在输入的记账凭证中的会计科目借贷双方金额不平衡，或没有输入金额应予以提示并拒绝执行。

正在输入的记账凭证有借方会计科目而无贷方会计科目或者有贷方会计科目而无借方会计科目的，应予以提示并拒绝执行。

正在输入的收款凭证借方科目不是"现金"或"银行存款"科目，付款凭证贷方科目不是"现金"或"银行存款"科目的的，应提示并拒绝执行。

5. 会计数据的修改控制

会计软件应提供对已经输入但未登记会计账簿的机内记账凭证（不包括会计软件自动产生的机内记账凭证）进行修改的功能，在修改过程中，应给出相应的提示。

会计软件应当提供对已经输入但未登账的记账凭证的审核功能，审核通过后即不能再提供对机内凭证的修改。会计软件应当分别提供对审核（复核）功能与输入、修改功能的使用权限控制。

发现已经输入并审核通过或者登账的记账凭证有错误的，可以采用红字凭证冲销法或者补充凭证法进行更正；记账凭证输入时，红字可用"-"号或者其他标记表示。

### （三）会计数据的处理

1. 会计账簿

会计软件应当提供根据审核通过的机内记账凭证及所附原始凭证登记账簿的功能。在计算机中，账簿文件或者数据库可以设置一个或者多个。

（1）根据审核通过的机内记账凭证或者计算机自动生成的记账凭证或者记账凭证汇总表登记总分类账。

（2）根据审核通过的机内记账凭证和相应机内原始凭证登记明细分类账。

（3）总分类账和明细分类账可以同时登记或者分别登记，可以在同一个功能模块中登记或者在不同功能模块中登记。

（4）会计软件可以提供机内会计凭证，审核通过后直接登账或成批登账的功能。

（5）机内总分类账和明细分类账登记时，应当计算出各会计科目的发生额和余额。

会计软件应当提供自动进行银行对账的功能，根据机内银行存款日记账与输入的银行对账单及适当的手工辅助，自动生成银行存款余额调节表。

2. 会计核算方法

通用会计软件应当同时提供国家统一会计制度允许使用的多种会计核算方法，以供用户选择。会计软件对会计核算方法的更改过程，在计算机内应有相应的记录。

3. 会计报表处理

会计软件应当提供符合国家统一会计制度规定的自动编制会计报表的功能。通用会计软件应当提供会计报表的自定义功能，包括自定义会计报表的格式、项目、各项目的数据来源、表内和表间的数据运算和核对关系等。

4. 结账

会计软件应当提供机内会计数据按照规定的会计期间进行结账的功能。结账前，会计软件应当自动检查本期输入的会计凭证是否全部登记入账，全部登记入账后才能结账。

（1）机内总分类账和明细分类账可以同时结账，也可以由处理明细分类账的功能模块先结账，处理总分类账的功能模块后结账。

（2）机内总分类账结账时，应当与机内明细分类账进行核对，如果不一致，总分类账不能结账。

（3）结账后，上一会计期间的会计凭证即不能再输入，下一个会计期间的会计凭证才能输入。

5. 跨年处理

会计软件可以提供在本会计年度结束，但仍有一部分转账凭证需要延续至下一会计年度第一个月或者第一个季度进行处理，而没有结账时，输入下一会计年度第一个月或者第一个季度会计凭证的功能。

## （四）会计数据的输出

1. 会计数据查询

会计软件应当提供对机内会计数据的查询功能。

（1）查询机内总分类会计科目和明细分类会计科目的名称、编号、年初余额、期初余额、累计发生额、本期发生额和余额等项目。

（2）查询本期已经输入并登账和未登账的机内记账凭证、原始凭证。

（3）查询机内本期和以前各期的总分类账和明细分类账簿。

（4）查询往来账款项目的结算情况。

（5）查询到期票据的结算情况。

（6）查询出来的机内数据如果已经结账，屏幕显示应给予提示。

2. 会计账簿和报表的打印

会计软件应当提供机内记账凭证打印输出的功能，打印格式和内容应当符合国家统一会计制度的规定。

会计软件可以提供机内原始凭证的打印输出功能，打印输出原始凭证的格式和内容应当符合国家统一会计制度的规定。

会计软件必须提供会计账簿、会计报表的打印输出功能，打印输出的会计账簿、会计报表的格式和内容应当符合国家统一会计制度的规定。

（1）会计软件应当提供日记账的打印输出功能。

（2）会计软件应当提供三栏账、多栏账、数量金额账等各种会计账簿的打印输出功能。

（3）在机内总分类账和明细分类账的直接登账依据完全相同的情况下，总分类账可以用总分类账户本期发生额对照表替代。

（4）在保证会计账簿清晰的条件下，计算机打印输出的会计账簿中的表格线条可以适当减少。

（5）会计软件可以提供机内会计账簿的满页打印输出功能。

（6）打印输出的机内会计账簿、会计报表，如果是根据已结账数据生成的，则应当在打印输出的会计账簿、会计报表上打印一个特殊标记，以示区别。

3.会计数据的输出控制

根据机内会计凭证和已登记的相应账簿生成的各种机内会计报表数据，会计软件不能提供直接修改功能。

会计年度终了进行结账时，会计软件应当提供在数据磁带、可装卸硬磁盘或者其他存储介质上的强制备份功能。

### （五）会计数据的安全

1.使用权限控制

会计软件按照初始化功能中的设定，防止非指定人员擅自使用功能和对指定操作人员实行使用权限控制的功能。

2.可靠性控制

会计软件遇有以下情况时，应予以提示，并保持正常运行。

（1）会计软件在执行备份功能时，存储介质无存储空间、存储介质未插入。

（2）会计软件执行打印时，打印机未连接或未打开电源开关。

（3）在会计软件操作过程中，输入了与软件当前要求输入项目不相关的数字或字符。

对存储在磁性介质或者其他介质上的程序文件和相应的数据文件，会计软件应当有必要的加密或者其他保护措施，以防止被非法篡改。一旦发现程序文件和相应的数据文件被非法篡改，就应当能够利用标准程序和备份数据，恢复会计软件的运行。

3.会计数据的恢复

会计软件应当具有在计算机发生故障或者由于强行关机及其他原因引起内存和外存会计数据被破坏的情况下，利用现有数据恢复到最近状态的功能。

# 第四节　商品化会计软件的选择

## 一、实现会计信息系统的途径

### （一）购买商品化会计软件

购买商品化会计软件建立会计信息系统主要是指购置商品化软件厂家的通用会计软件，经过实施过程，完成建立会计信息系统。该方式有见效快、费用省、维护有保障、软件水平高、安全可靠性好等优点；却也有满足管理需要不能一步到位等缺点。

### （二）自行开发与购买商品化会计软件相结合

自行开发与购买商品化会计软件相结合建立会计信息系统主要是指结合商品化会计软件的优势，增加或补充商品化软件满足不了，或不太符合本单位的功能，建立更为完善的、有一定针对性的会计信息系统。这在部分大中型企业、行业可能会采用。

### （三）自行开发会计软件

自行开发会计软件，建立会计信息系统，主要依靠本单位的力量，或与外单位联合开发本单位使用的会计软件，建立会计信息系统。该方式有适应本单位需求、有利于培养本单位的开发使用人员等的优点。也有周期长、对本单位人员技术水平要求高、开发成本高、软件水平不上档次、维护频繁等缺点。这在一些特殊行业，如部分银行单位就采用这种方式。

## 二、商品化会计软件选择的步骤

商品化会计软件的选择方法本质上与会计软件的开发方法是一致的，因为其要达到的目标是一致的，一般采用以下几方面步骤。

（1）进行初步的需求分析，确定对软件的功能、安全性、可靠性及其他性能的要求。如确定账务模块应有建账、科目及编码增删改、记账凭证录入及复核、记账、结账、年终结账、账簿查询、数据备份与恢复、凭证及账簿打印等功能。

（2）对商品化软件厂家进行调查。了解有关商品化软件厂家开发有哪些定位的会计软件，功能模块有哪些？对设备和系统环境要求如何？使用情况、维护情况怎样？

（3）选择几家商品化软件厂家进行调查，了解其产品。首先是通过网站了解有关产品初步情况。其次通过阅读产品简介、观看产品演示，采用询问、讨论等方式，观察其是否满足本单位需求的情况，如了解其对会计业务岗位的设置是否满足本单位的要求，会计科目的编码方案是否满足本单位的要求，业务处理模式是否满足本单位的要求等。

（4）确定1~3家的产品，再争取到其用户单位参观，详细了解产品的使用情况、对客户的服务情况、本地代理的维护能力等情况。

（5）具体招标或谈判方式，确定选择对象。确定软件模块、价格，付款方式，试用条件，后续维护，人员培训等问题。

## 三、商品化会计软件的评价

虽然对商品化会计软件的评价没有固定的指标，是一项比较复杂的工作，但其需要了解的问题、范围及要求是相对固定的，是可以考察的，主要包括以下几方面。

### （一）会计软件符合国家有关法规、制度要求的情况

会计工作要遵循全国统一会计制度和其他财经法规中的有关规定，对执行会计工作的会计软件也不例外。同时，作为一种技术产品，会计软件还应满足国家对会计软件的管理规定，主要是应满足财政部颁布的《会计核算软件基本功能规范》中对会计软件的基本要求。

### （二）适用性

适用性主要是指会计软件适于本单位会计业务处理的性能，是否适用主要应根据所做的需求分析来确定。一般主要评价：软件的功能是否满足本单位的要求；软件输出的信息是否满足本单位的要求；软件需输入的信息本单位是否能提供，方便与否；软件提供的接口是否能满足本单位会计信息化工作进一步开展的要求。如使用单位是大型企业，由于业务量大，不可能一人多岗，所以，岗位设置是一人一岗。这里就要考察该软件是否能达到该要求。

### （三）通用性

通用性是指会计软件适应不同的企事业单位，不同的会计工作需要适应单位会计工作不同时期需要的性能。其包括纵向与横向两方面的通用性，纵向的通用性指会计软件适应一个单位不同时期会计工作需要的性能；横向的通用性是指会计软件适应不同单位会计工作需要的性能。对商品化会计软件两个方面都应考虑，在通用方面主要应考察以下几个方面：

（1）各种自定义功能是否能满足使用单位的要求。对于会计工作中不十分规范、变化较多的处理，通用软件一般都是通过自定义功能来实现通用的。例如，在通用报表生成系统中，就应由使用人员定义数据来源、报表项目的算法、打印格式等。

（2）各种编码方案是否有使用人员自定义的功能，即应有增、删、改等维护功能。例如，会计科目的分级数和每级科目的长度及编号，就应由使用人员按有关会计制度的规定自行设置。且对会计科目及其编码应有增、删、改功能，以保证适应核算内容的变化。

（3）对一些无法直接实现通用的功能是否设有可选功能，是否满足通用要求。在一些功能无法直接实现通用的情况下，应增加可选功能，由使用单位选择所需功能，由软件进行组合满足使用单位的要求。例如，成本核算就可以设置定额核算法、平行结转法、分步法等各种成本核算的可选方法。由单位按自己采用的成本核算方法选择设置软件中的成本核算方法。

（4）对一些变化较多的算法可由使用人员进行自定义。例如，由使用人员自定义

成本核算中的产品费用归集公式。

（5）软件的系统初始设置及维护功能是否能充分设置本单位所需的各种初始数据。如建账的科目余额，是否能适应单位不同时期的要求，并进行各种非程序性的维护。

（6）会计软件是否提供了对外符合有关标准的数据接口。如哪些数据提供了数据输出和输入接口，提供了哪些形式的接口，等等。

### （四）安全可靠性

安全性是指会计软件有防止会计信息被泄露和破坏的能力。可靠性是指软件防错、查错、纠错的能力，会计软件有防止会计工作中产生不正确的会计信息的能力。评价会计软件的安全可靠性主要是考察：软件提供的各种可靠性保证措施结合起来是否能有效地防止差错的发生，在发生时是否能及时查出并能进行修改；安全性保证措施是否能有效地防止会计信息的泄露和破坏，主要应从以下几方面进行考察。

（1）是否有数据备份与恢复功能，并能有效地备份与恢复各种历史数据。

（2）是否有权限设置功能，并能最大限度地保证各有关人员只能执行其权限范围内的工作。

（3）软件中是否采用了各种容错技术，以保证会计人员操作失误时及时发现和纠正错误。

（4）软件是否将会计业务存在各种钩稽关系的特点融于软件中，以便随时检查各种生成数据的正确性。

（5）对各种上机操作是否留有记录，以便随时追踪查询各种失误与破坏。

### （五）易使用性

易使用性是指会计软件易学、易操作的性能。对它的主要评价是：用户操作手册内容是否完整、通俗易懂；联机帮助是否充分；软件操作是否简便易学；软件操作过程中的难点是否设有辅助功能，辅助功能是否实用；软件提供的界面是否清晰，并符合会计人员的习惯；对操作的关键环节是否具有特别控制，如结账、删除往年数据等；软件是否按会计工作的需要使用由易到难等。

### （六）先进性

先进性是指该软件在同类产品中的先进程度，包括安全性、可靠性、功能的完备性、通用性、运行效率、软件技术平台的先进性和软件设计的优良性等，先进性是单位选择商品化会计软件的因素之一，但对于会计工作，主要应考虑其实用性，即前五个评价标准。

# 第五节　会计软件实施流程

## 一、项目实施概述

会计信息化的一个重要阶段就是实施。再优秀的软件，如果没有良好的实施，就不可能达到预期目的，甚至实施失败。所以必须建立完整适用的实施方案，根据具体单位的情况，提出切合实际的实施方案。

对于较大的项目，如集团企业会计信息化实施，项目投资较大，风险高，因此需要一个有效的项目管理方法来保证项目的成功。其实施主要包括项目管理、二次开发、系统的安装、培训和运行，系统维护。

## 二、项目实施组织

组织是实施的保证，双方要联合成立项目实施小组，共同推动项目的开展和评估项目的质量情况。在使用单位方，一般要有三方面的人员参加：一是财务人员，参加人员一定要对整个财务业务非常熟悉，并具有重新架构财务管理的能力。二是技术人员，主要负责软硬件的规划和维护。三是主管领导共同组建的项目小组，直接对项目的规划、实施、运行等方面保持协调，保证项目实施过程中的问题能够及时排除。

## 三、项目实施

对实施会计信息系统来讲，软件满足业务需求只是成功的一部分，实施显得尤为重要。对于实施，除领导重视、组织保证外，采用什么样的实施方法也显得非常重要。各公司一般都有相应的实施规范，但方法差不多。实施的主要思想体现在以下方面：

### （一）分步骤实施

将系统的实施过程分为几步，每一步为一个里程碑，每一步都有相关的文档。

### （二）互动实施

由项目实施小组、使用单位构成一个具体互动的实施过程，及时沟通和发现问题，推动实施按期保质地进行。

项目实施基本步骤和提供的相关文档如表 2-1 所示。

表 2-1　项目实施阶段和文档

| 项目阶段 | 阶段文档 |
|---|---|
| 项目组织 | 项目组织要求，项目实施整体方案 |
| 项目规划 | 项目总体规划，项目实施规划，项目运行规划 |
| 培训 | 培训计划，培训组织与要求，培训教材，考核内容，培训结果确认表，培训考核成绩表，培训学员签到表 |
| 需求调研 | 业务需求说明书 |
| 软件调整 | 软件与业务符合情况分析，专项开发支持流程文档，软件测试文档 |
| 系统准备 | 编码原则及相关的编码说明书，基础数据准备指导说明书，软件安装检查表，项目初始化方案，系统初始化确认表 |
| 试运行 | 组织机构及岗位运行说明书，日常管理制度，业务流程说明书 |
| 系统切换 | 系统切换注意问题，系统切换确认表，项目验收单 |
| 运行维护 | 系统使用说明书，系统维护说明书 |

针对不同项目的规模、复杂程度、实施时间，实施方法都会有所不同。对小的会计信息化项目的实施，一般在一周内就可以完成，对大的项目，则需要几个月甚至一年以上的时间。因此，对实施文档、管理的严密程度，一般原则是大项目管理要求严格、文档详细，小项目则相对简单。

# 第六节　ERP 与会计信息系统的关系

## 一、ERP 的发展过程

20 世纪 40 年代，由于计算机系统还没有出现，不可能利用计算机系统解决库存问题，为解决库存控制问题，人们提出了订货点法。到了 20 世纪 60 年代，随着计算机的出现和发展，使得短时间内对大量数据的复杂运算成为可能，人们为解决订货点法的缺陷，提出了一种库存订货计划方法，即物料需求计划阶段（Material Requirements Planning，简称时段式 MRP）或称基本 MRP 阶段。

随着人们认识的加深及计算机系统的进一步普及，到了 20 世纪 70 年代，MRP 的理论范畴也得到了发展，为解决采购、库存、生产、销售的管理，发展了生产能力需求计划、车间作业计划以及采购作业计划理论，出现了闭环 MRP 阶段（Closed-loop MRP），作为企业的一种生产计划与控制系统。

到了 20 世纪 80 年代，伴随着计算机网络技术的发展，企业内部信息得到充分共享，闭环 MRP 集合了采购、库存、生产、销售、财务、工程技术等子系统，发展成为 MRP Ⅱ 理论，即制造资源计划阶段（Manufacture Resource Planning，英文缩写还是 MRP，为了区别于基本 MRP 而记为 MRP Ⅱ），作为一种企业经营生产管理信息系统。

进入20世纪90年代，随着计算机网络技术的迅猛发展，统一的国际市场已经形成。针对国际化的销售和采购市场以及全球的供需链环境，企业 MRP Ⅱ 面临着需求的挑战。由于 MRP Ⅱ 系统仅仅包括制造资源，而不包括面向供需链管理的概念，因此无法满足企业对资源全面管理的要求。在这种环境下，20 世纪 80 年代 MRP Ⅱ 主要面向企业内部资源全面计划管理的思想，逐步发展成为 20 世纪 90 年代怎样有效利用和管理整体资源的管理思想，企业资源计划（Enterprise Resource Planning，简称 ERP）随之产生。

ERP 是由美国加特纳公司（Gather Group Inc.）在 20 世纪 90 年代初期首先提出的，ERP 是一种面向企业供需链的管理，可对供需链上的所有环节进行有效的管理，这些环节包括订单、采购、库存、计划、生产制造、质量控制、运输、分销、服务与维护、财务管理、人事管理等。

## 二、ERP 与会计信息系统的关系

总的来说，会计信息系统是 ERP 系统的一部分，但这里面又分为多种情况，使它们之间又存在很大差别。就小单位而言，会计软件也就是指账务、报表、工资、固定资产等最基本的模块，一般称为会计核算软件。在规模稍大一点的单位，则要用到进销存模块和应收应付模块的软件，但这里的进销存主要还是立足于财务角度，一般把账务、报表、工资、固定资产、进销存、应收应付等一起叫作会计软件。ERP 软件则还要包含生产制造等模块，ERP 软件也称为企业管理软件等。实际上，独立的会计软件和 ERP 软件在设计思想、功能、技术、实施、应用、维护等方面存在很大不同，对管理的提升也大大不同。

1. 从范围上看，会计软件是 ERP 软件的一部分。ERP 软件一般按照模块可以分为财务管理、销售管理、后勤管理（采购管理、售后服务管理和库存管理）、生产管理和人力资源管理等。因此，ERP 涵盖的管理范围比会计软件广，它对企业的整个资源进行有效的整合，使企业资源能够得到最有效的利用。会计软件是 ERP 中的一个组成部分，可以单独使用或与其他模块紧密集成使用。

2. 从工作原理的角度来看会计软件因为主要是针对企业业务进行核算和管理，因此核算前提是对各项业务单据编制凭证手工输入系统，系统再进行汇总和分析。会计人员大部分的时间仍然要面对烦琐的凭证录入工作而无法将时间用在管理工作上。而 ERP 中企业的业务是以流程为导向，会计模块通过 ERP 中的自动凭证制作系统将这些流程紧密集成在一起，针对不同的业务类型自动触发会计业务事件，而这些会计业务事件对应的凭证已经预先定义会计科目和相关参数，所以当业务发生时，系统自动生成会计凭证，并自动记录有关账簿。会计人员的工作内容就是对这些凭证进行审核或由系统自动审核，这样就大量地减轻了会计人员的工作量，将时间集中在管理工作中。

3. 从会计软件与 ERP 核心的角度来看，会计软件的核心是总账，以此为中心设置了许多分类账，如往来账、存货账、销售账等，它从财务的角度将企业的活动资金化。财务信息十分重要，它是经营的成果数据，体现了一个企业的业绩和价值。财务信息的"结果"来源于产、供、销等活动。制造企业的核心价值是将低价值的原料通过生产加工，产出较高价值的符合市场需求的产品，通过市场的分销渠道以适当的营销方式使用户接受其产品。制造企业通过物流的增值来体现自身的价值，围绕整个物流增值过程的供应链管理的核心基础是产品的属性（有关生产、计划、成本、财务、库存等）、产品的结构（BOM）和产品的生产工艺。ERP 软件正是以此为核心，进行整个供应链的管理和规划，并通过凭证接口等方式与财务集成，将产、供、销等业务数据及时、准确地转化为会计上所需要的信息，从而对企业的经营过程进行控制。

4. 从功能上看，目前会计软件以核算为基本目的，从表面上看，已经能够满足企业的会计核算要求。但是从深层次和管理角度看，管理人员或决策高层更需要的是对各项业务进行分析。如通过财务提供的销售收入、成本和销售毛利希望能从多角度（如客户类型、产品、销售流向区域、销售部门、业务员业绩、计划等）来分析销售情况，如果单纯从会计数据加工就无法完全满足要求。ERP 软件则是以业务流程为导向，因此各种发生的会计数据能够与业务联系在一起，在分析时就能够与业务联系起来，进行不同层次的分析。

5. 从实施角度看，会计软件实施相对较为简单，一般由开发商的分支机构或代理实施，或者由使用单位直接实施，实施周期也短，单体企业一般一两个月就可完成。而 ERP 的实施则很复杂，一般由咨询服务机构等第三方实施，实施时间少则几个月，多则半年、一年甚至几年，实施费用很高，甚至往往超过购买 ERP 软件本身的费用。从实施的风险角度来看，会计软件由于规范性较强，变化相对较小，所以实施的成功率很高，一般只存在应用深度问题，而不存在无法应用的问题。但 ERP 软件则不同，由于涉及企业的各种业务，而且关联性非常强，业务的变化往往引起整个应用模式的变化，实施的风险就很大。即使是现在应用了，由于市场、业务、管理的变化也可能导致 ERP 软件无法运行下去。

6. 从应用角度看，会计软件一般是区间性要求，如一天、一月、一年，而 ERP 软件则是实时性要求。如果是 24 小时的连续生产，则各环节也要求同步。在实际应用过程中对人员的要求也不一样，会计软件涉及的人员较少，要求操作人员对计算机和自己的业务比较熟悉就可以了。而 ERP 则基本上涉及整个企业的员工，还要求使用者对企业的整体情况有所了解，才能实现内部的协同工作。在应用成本上，会计软件应用费用主要是消耗材料和较少的服务费。而 ERP 软件一般有按年收取的软件更新费用，服务费用也比会计软件费用高得多。

# 第三章 财务管理的理论基础

## 第一节 财务活动与财务关系

### 一、财务活动

企业中的财务活动是以现金收支为主的企业资金收支活动的总称。在市场经济条件下，一切物资都具有一定的价值，它体现了耗费于物资中的社会必要劳动量，社会再生产过程中物资价值的货币表现就是资金。在市场经济条件下，资金是进行生产经营活动的必要条件。企业的生产经营过程一方面表现为物资的不断购进和售出；另一方面表现为资金的支出和收回。企业的经营活动不断进行，也就会不断产生资金的收支。企业资金的收支构成了企业经济活动的一个独立方面，这便是企业的财务活动。企业财务活动可分为以下四个方面：

#### （一）筹资活动

企业从事经营活动，首先解决的问题是通过何种方式、在哪些时间筹集多少资金。在筹资过程中，企业通过发行股票、发行债券、吸收直接投资等方式筹集资金，表现为企业资金的收入；而企业偿还借款、支付利息和股利以及付出各种筹资费用等，则表现为企业资金的支出。这种因为资金筹集而产生的资金收支，便是由企业筹资引起的财务活动。

在进行筹资活动时，财务人员先要预测企业需要多少资金，再思考是通过发行股票取得资金还是向债权人借入资金，两种方式筹集的资金占总资金的比重应各为多少等问题。假设公司决定借入资金好，那么是发行债券好，还是从银行借入资金好；资金应该是长期的还是短期的；资金的偿付是固定的还是可变的，等等。财务人员面对这些问题时，一方面要保证筹集的资金能满足企业经营与投资的需要；另一方面还要使筹资风险在企业的掌控之中，一旦外部环境发生变化，企业不至于因无法偿还债务而陷入破产。

## （二）投资活动

企业筹集资金的目的是把资金用于生产经营活动以取得盈利，不断地增加企业价值。企业把筹集到的资金用于购置自身经营所需要的固定资产、无形资产等，便形成企业的对内投资；企业把筹集到的资金投资于其他企业的股票、债券，与其他企业联营进行投资及收购另一个企业等，便形成企业的对外投资。企业无论是购买内部所需的各种资产，还是购买各种证券，都需要支出资金。当企业变卖其对内投资的各种资产或收回其对外投资时，会产生资金的收入。这种因企业投资而产生的资金收入，便是由投资引起的财务活动。

在进行投资活动时，由于企业的资金是有限的，因此应尽可能将资金投放在能带给企业最大报酬的项目上。由于投资通常在未来才能获得回报，因此，财务人员在分析投资方案时，不仅要分析投资方案的资金流入与资金流出，而且要分析公司为获得相应的报酬需要等待多久。当然，获得回报越早的投资项目越好。另外，投资项目几乎都是有风险的，一个新的投资项目可能成功，也可能失败，因此，财务人员需要找到一种方法对风险因素加以计量，从而判断选择哪些方案，放弃哪些方案，或者将哪些方案进行组合。

## （三）经营活动

企业在正常的经营过程中，会产生一系列的资金收支。首先，企业要采购材料或商品，以便从事生产和销售活动，同时，还要支付工资和其他营业费用；其次，当企业将产品或商品售出后，便可取得收入，收回资金；最后，如果企业现有资金不能满足企业经营的需要，还要采取短期借款方式来筹集所需资金。上述各方面都会产生资金的收支，这属于企业经营引起的财务活动。

在企业经营引起的财务活动中，主要涉及的是流动资产与流动负债的管理问题，其中关键是加速资金的周转。流动资金的周转与生产经营周期具有一致性，在一定时期内，资金周转快，就可以利用相同数量的资金生产出更多的产品，取得更多的收入，获得更多的报酬。因此，如何加速资金的周转、提高资金的利用效率，是财务人员在这类财务活动中需要考虑的主要问题。

## （四）分配活动

企业在经营过程中会产生利润，也可能会因对外投资而分得利润，这表明企业实现了资金的增值或取得了投资报酬。企业的利润要按规定的程序进行分配。首先要依法纳税；其次要用来弥补亏损，提取盈余公积；最后要向投资者分配股利。这种因利润分配而产生的资金收支，便属于由利润分配引起的财务活动。

在分配活动中，财务人员需要确定股利支付率的高低，即将多大比例的税后利润用来支付给投资人。过高的股利支付率，会使较多的资金流出企业，从而影响企业再投资的能力，一旦企业遇到较好的投资项目，将会有可能因为缺少资金而错失良机；而过低的股利支付率，又有可能引起投资人的不满，对于上市公司而言，这种情况可能导致股价下跌，从而使公司价值下降。因此，财务人员要根据公司自身的具体情况确定最佳的利润分配政策。

上述财务活动的四个方面不是相互割裂、互不相关的，而是相互联系、相互依存的。上述四个方面构成了完整的企业财务活动，这四个方面也正是财务管理的基本内容：企业筹资管理、企业投资管理、营运资本管理、利润及其分配的管理。

## 二、财务关系

企业中的财务关系是企业在组织财务活动过程中与各相关方面发生的经济关系。企业的筹资活动、投资活动、经营活动、利润及其分配活动与企业内部和外部的各个方面有着广泛的联系。企业的财务关系主要体现在以下几方面：

### （一）企业与所有者

企业与所有者的财务关系主要是指企业的所有者向企业投入资金，企业向其所有者支付投资报酬所形成的经济关系。企业所有者主要有四类：①国家。②法人单位。③个人。④外商。企业的所有者要按照投资合同、协议、章程的约定履行出资义务，以便及时形成企业的资本金。企业利用资本金进行经营，实现利润后，应按出资比例或合同、章程的规定，向其所有者分配利润。企业同其所有者之间的财务关系体现着所有权的性质，反映着经营权和所有权的关系。

### （二）企业与债权人

企业与债权人的财务关系主要是指企业向债权人借入资金，并按借款合同的规定按时支付利息和归还本金所形成的经济关系。企业除利用资本金进行经营活动外，还要借入一定数量的资金，以降低企业资本成本，扩大企业经营规模。企业的债权人主要有：①债券持有人。②贷款机构。③商业信用提供者。④其他出借资金给企业的单位或个人。企业利用债权人的资金后，要按约定的利息率及时向债权人支付利息。债务到期时，要合理调度资金，按时向债权人归还本金。企业同其债权人之间的关系体现的是债务与债权关系。

### （三）企业与被投资单位

企业与被投资单位的财务关系主要是指企业将其闲置资金，以购买股票或直接投资的形式向其他企业投资所形成的经济关系。企业向其他单位投资，应按约定履行出资义务，参与被投资单位的利润分配。企业同被投资单位之间的关系体现的是所有权性质的投资与受资的关系。

### （四）企业与债务人

企业与债务人的财务关系主要是指企业将其资金用以购买债券、提供借款或以商业信用等形式出借给其他单位所形成的经济关系。企业将资金借出后，有权要求其债务人按约定的条件支付利息和归还本金。企业同其债务人的关系体现的是债权与债务关系。

### （五）企业内部各单位

企业内部各单位的财务关系主要指的是企业内部各单位之间在生产经营各环节相互提供产品或劳务所形成的经济关系。在实行内部责任核算制度的条件下，企业供、产、销各部门以及各生产单位之间，在相互提供产品和劳务时要进行计价结算。这种在企业内部形成的资金结算关系，体现了企业内部各单位之间的利益关系。

### （六）企业与职工

企业与职工的财务关系主要是指企业在向其职工支付劳动报酬的过程中形成的经济关系。企业要用自己的产品销售收入，向职工支付工资、津贴、奖金等，按照职工提供的劳动数量和质量支付其劳动报酬。这种企业与职工之间的财务关系，体现了职工和企业在劳动成果上的分配关系。

### （七）企业与税务机关

企业与税务机关的财务关系主要是指企业要按税法的规定依法纳税而与国家税务机关之间形成的经济关系。任何企业都需要按照国家税法的规定缴纳各种税款，以保证国家财政收入的实现，满足社会各方面的需要。及时、足额地纳税是企业对国家的贡献，也是对社会应尽的义务。因此，企业与税务机关之间的关系反映的是依法纳税和依法征税的权利义务关系。

## 第二节　财务管理的特点与目标

### 一、财务管理的特点

财务管理是企业经济管理体制的重要组成部分，其实质是以价值形式对企业的生产经营全过程进行综合性的管理。企业生产经营活动的复杂性，决定了企业管理必须包括多方面的内容，如生产管理、技术管理、劳动人事管理、设备管理、销售管理、财务管理等。各项工作是互相联系、紧密配合的，同时有科学的分工，具有各自的特点，其中财务管理的特点主要体现在以下方面：

### （一）财务管理是综合性管理工作

企业在实行分工、分权的过程中形成了一系列专业管理工作，有的侧重于使用价值的管理，有的侧重于价值的管理，有的侧重于劳动要素的管理，有的侧重于信息的管理。社会经济的发展要求财务管理主要运用价值形式对经营活动实施管理。财务管理通过价值形式，把企业的物质条件、经营过程和经营结果都合理地加以规划和控制，从而达到企业效益不断提高、财富不断增加的目的。因此，财务管理既是企业管理的一个独立方面，又是一项综合性的管理工作。

### （二）财务管理与企业的联系广泛

在企业的日常经营活动中，一切涉及资金的收支活动都与财务管理有关。事实上，企业内部各部门与资金不发生联系的情况是很少的。因此，财务管理的触角常常伸向企业经营的各个角落。企业每一个部门都会通过资金的使用与财务部门发生联系，每一个部门也都要在合理使用资金、节约资金支出等方面接受财务部门的指导，受到财务制度的约束，以此来确保企业经济效益的提高。

### （三）财务管理能快速反映企业生产经营状况

在企业管理中，决策是否恰当、经营是否合理、技术是否先进、产销是否顺畅，都可以迅速地在企业财务指标中反映出来。例如，如果企业生产的产品适销对路，质量优良可靠，则可带动生产发展，实现产销两旺，资金周转加快，盈利能力增强，这一切都可以通过各种财务指标迅速地反映出来。这也说明，财务管理工作既有其独立性，又受整个企业管理工作的制约。财务部门应通过自己的工作，向企业领导及时通报有关财务指标的变化情况，以便把各部门的工作都纳入提高经济效益的轨道上，努力实现财务管理的目标。

## 二、财务管理的目标

"企业的财务管理是企业发展运营中不可或缺的一个重要部分，它可以确保企业的日常活动按照企业的既定计划有序进行"。① 没有明确目标，就没有方向，也就无法判断决策的优劣。财务管理目标决定财务管理所采用的原则、程序和方法。因此，财

---

① 窦少波，伊冰. 企业财务管理目标 [J]. 中国商论，2016（24）：46.

务管理的目标是建立财务管理体系的逻辑起点。公司财务管理的基本目标取决于公司的目标。投资者创立公司的目的是营利。已经创立起来的公司，虽然有改善职工待遇、改善劳动条件、扩大市场份额、提高产品质量、减少环境污染等多种目标，但营利是其最基本、最一般、最重要的目标。营利不仅体现了公司的出发点和归宿，还可以概括其他目标的实现程度，并有助于其他目标的实现。最具综合性的计量是财务计量。因此，公司的目标综合体现为公司的财务管理目标。关于公司财务管理基本目标的探讨，主要包括以下几方面：

### （一）利润最大化的目标

利润最大化的目标强调利润代表了公司新创造的财富，利润越多则说明公司的财富增加得越多，越接近公司的目标。利润最大化的目标有其局限性，主要表现在：①没有考虑利润的取得时间。例如，今年获利 100 万元和明年获利 100 万元，哪一个更符合公司的目标？若不考虑货币的时间价值，就难以做出正确判断。②没有考虑所获利润和投入资本额的关系。例如，同样获得 100 万元利润，一家公司投入资本 500 万元，另一家公司投入 600 万元，哪一个更符合公司的目标？若不与投入的资本数额联系起来，就难以做出正确判断。③没有考虑获取利润和所承担风险的关系。例如，同样投入 500 万元，本年获利 100 万元，一家公司的获利已全部转化为现金，另一家公司获利则全部是应收账款，并可能发生坏账损失，哪一个更符合公司的目标？若不考虑风险大小，就难以做出正确判断。

如果投入资本相同、利润取得的时间相同、相关的风险也相同，那么利润最大化是一个可以接受的观念。事实上，许多财务经理人都把提高利润作为公司的短期目标。

### （二）每股收益最大化的目标

每股收益最大化的目标强调应把公司的利润和股东投入的资本联系起来考察，用每股收益（或权益净利率）来概括公司的财务管理目标，以克服"利润最大化"目标的局限性。每股收益最大化目标也存在一定局限性，包括：一是仍然没有考虑每股收益取得的时间；二是仍然没有考虑每股收益的风险。如果每股收益的时间、风险相同，则每股收益最大化也是一个可以接受的观念。事实上，许多投资人都把每股收益作为评价公司业绩的关键指标。

### （三）股东财富最大化的目标

股东财富最大化的目标强调增加股东财富是财务管理的基本目标，股东创办公司的目的是增加财富。如果公司不能为股东创造价值，股东就不会为公司提供资本。没有了权益资本，公司也就不复存在了。因此，公司要为股东创造价值。股东财富可以用股东权益的市场价值来衡量。股东财富的增加可以用股东权益的市场价值与股东投资资本的差额来衡量，它被称为"股东权益的市场增加值"。股东权益的市场增加值是公司为股东创造的价值。

有时财务管理目标被表述为股价最大化，在股东投资资本不变的情况下，股价上升可以反映股东财富的增加，股价下跌可以反映股东财富的减损。股价的升降，代表了投资大众对公司股权价值的客观评价。它以每股价格表示，反映了资本和获利之间的关系；它受预期每股收益的影响，反映了每股收益大小和取得的时间；它受企业风险大小的影响，可以反映每股收益的风险。值得注意的是，企业与股东之间的交易也会影响股价，但不影响股东财富。例如，分派股利时股价下跌，回购股票时股价上升等。因此，假设股东投资资本不变，股价最大化与增加股东财富具有同等意义。

有时财务目标还被表述为公司价值最大化，公司价值的增加，是由股东权益价值增加和债务价值增加引起的。假设债务价值不变，则增加公司价值与增加股东权益价值具有相同意义。假设股东投资资本和债务价值不变，公司价值最大化与增加股东财富具有相同的意义。

因此，股东财富最大化、股价最大化和企业价值最大化，其含义均指增加股东财富。不同财务管理目标之间的分歧之一是如何看待利益相关者的要求。任何一门学科都需要有一个统一的目标，围绕这个目标发展其理论和模型。任何决策只要符合目标就被认为是好的决策，不符合目标就是差的决策。统一的目标可以为企业理财提供一个统一的决策依据，并且保持各项决策的内在一致性。如果使用多个目标，就很难指导决策，更无法保证各项决策之间不发生矛盾。

# 第三节　财务管理的步骤与程序

财务管理的步骤与程序一般包括以下五个环节：

## 一、财务预测环节

财务预测环节是企业根据财务活动的历史资料，考虑现实条件与要求，运用特定方法对企业未来的财务活动和财务成果做出科学的预计或测算。财务预测环节也是进行财务决策的基础，是编制财务预算的前提：

第一，财务预测的任务。①测算企业财务活动的数据指标，为企业决策提供科学依据。②预计企业财务收支的发展变化，确定企业未来的经营目标。③测定各项定额和标准，为编制计划、分解计划指标提供依据。

第二，财务预测的步骤。财务预测是按照一定程序进行的，其步骤如下：①确立财务预测的目标，使预测工作有目的地进行。②收集、分析财务预测的资料，并加以分类和整理。③建立预测模型，有效地进行预测工作。④论证预测结构。检查和修正预测的结果，分析产生的误差及其原因，以确保目标的完成。

财务预测所采用的方法一般分为两种：一种是定性预测，是指企业缺乏完整的历史资料或有关变量之间不存在较为明显的数量关系时，专业人员进行的主观判断与推测；另一种是定量预测，是指企业根据比较完备的资料，运用数学方法，建立数学模型，对事物的未来进行的预测。实际工作中，通常将两者结合起来进行财务预测。

## 二、财务决策环节

财务决策环节是企业财务人员按照企业财务管理目标，利用专门方法对各种备选方案进行对比分析，并从中选出最优方案的过程。它不是拍板决定的瞬间行为，而是提出问题、分析问题和解决问题的全过程。正确的决策可使企业起死回生，错误的决策可导致企业毁于一旦，所以财务决策是企业财务管理的核心，其成功与否直接关系到企业的兴衰成败。财务决策不同于一般业务决策，它具有很强的综合性，其决策程序有以下几方面：

第一，确定决策目标。以预测数据为基础，结合本企业总体经营的部署和国家宏观经济的要求，确定决策期内企业需要实现的财务目标。

第二，提出备选方案。以确定的财务目标为主，考虑市场可能出现的变化，结合企业内外有关财务和其他经济活动的资料以及调查研究材料，设计出实现财务目标的各种备选方案。

第三，选择最优方案。通过对各种可行备选方案的分析论证与对比研究，做出最优财务决策。

财务决策常用的一般方法有比较分析法、线性规划法、概率决策法和最大最小收益值法等。

## 三、财务预算环节

财务预算环节是指企业运用科学的技术手段和数量方法，对未来财务活动的内容及指标进行综合平衡与协调的具体规划。财务预算是以财务决策确立的方案和财务预测提供的信息为基础编制的，是财务预测和财务决策的具体化，是财务控制和财务分析的依据，贯穿企业财务活动的全过程。财务预算的编制程序主要有：①分析财务环境，确定预算指标。②协调财务能力，组织综合平衡。③选择预算方法，编制财务预算。

## 四、财务控制环节

财务控制环节是在财务管理过程中，利用有关信息和特定手段，对企业财务活动所施加的影响和进行的调节。实行财务控制是落实财务预算、保证预算实现的有效措施，也是责任绩效考评与奖惩的重要依据。财务控制实施的步骤主要有：①制定控制标准，分解落实责任。②实施追踪控制，及时调整误差。③分析执行情况，搞好考核奖惩。

财务控制的主要方法有：①事前控制，这是在财务活动发生之前所进行的控制活动。②事中控制，这是对企业生产经营活动中实际发生的各项业务活动按照计划和制度的要求进行审核，随时检查节超情况，并及时采取降低成本费用的措施。③事后控制，这是在财务计划执行后，认真分析检查实际与计划之间的差异，采取切实的措施，消除偏差或调整计划，使差异不至于扩大。

## 五、财务分析环节

财务分析环节是根据企业核算资料，运用特定方法，对企业财务活动过程及其结果进行分析和评价的一项工作。财务分析既是本期财务活动的总结，也是下期财务预测的前提，具有承上启下的作用。通过财务分析，可以掌握企业财务预算的完成情况，评价财务状况，研究和掌握企业财务活动的规律，改善财务预测、财务决策、财务预算和财务控制，提高企业财务管理水平。通常财务分析的内容主要包括以下四个方面：

第一，分析偿债能力。企业偿债能力分析包括短期偿债能力分析和长期偿债能力分析。短期偿债能力分析主要分析企业债务能否及时偿还。长期偿债能力分析主要分析企业资产对债务本金的支持程度和对债务利息的偿付能力。

第二，分析营运能力。营运能力分析既要从资产周转期的角度来评价企业经营活动量的大小和资产利用效率的高低，又要从资产结构的角度来分析企业资产构成的合理性。

第三，分析盈利能力。盈利能力分析主要分析企业营业活动和投资活动产生收益的能力，包括企业盈利水平分析、社会贡献能力分析、资本保值增值能力分析以及上市公司税后利润分析。

第四，分析综合财务能力。从总体上来分析企业的综合财务能力，评价企业各项财务活动的相互联系和协调情况，揭示企业经济活动中的优势和薄弱环节，指明改进企业工作的主要方向。

财务分析常用的主要方法有对比分析法、因素分析法、趋势分析法和比率分析法等。

# 第四节 财务管理应遵循的原则

"财务管理的原则又称理财原则，是人们对财务活动共同的、理性的认识。财务管理的原则能够帮助人们理解常见的财务管理实务和新的复杂情形，同时是联系财务管理理论和财务管理实务的纽带。"[①] 一般而言，财务管理应遵循以下原则：

## 一、竞争的经济环境原则

竞争的经济环境原则是对资本市场中人的行为规律的基本认识，主要包括以下方面：

### （一）自利行为原则

自利行为原则是人们在进行决策时按照自己的财务利益行事，在其他情况相同的条件下，人们会选择对自己经济利益最有好处的方案来行动。自利原则的依据是"经济人"假设，该假设认为，人们对每项预期的交易都能衡量其代价和利益，并且会选择对自己最有利的方案作为行动方案。自利原则假设企业决策人对企业目标具有合理的认知程度，并且对如何达到目标具有合理的理解。在这种假设情况下，企业会采取对自己最有利的行动。自利原则并不认同钱在每个人生活中是最重要的东西。但商业交易的目的在于获利，在这些非人格化的交易中，从可供使用的资源中获得最大的利益是首要的考虑。

自利行为原则的一个重要的应用称为委托—代理理论，该理论把企业看成是各种自利人的集合。一个公司涉及的利益关系人包括普通股东、债权人、银行、社会公众、经理人员、员工、客户、供应商等。这些利益关系人都是按自利行为原则行事的，企业与各种利益关系人之间的关系，大部分属于委托代理关系。这种相互依赖又相互冲突的利益关系，需要通过"契约"来协调。契约包含明确契约和模糊契约两种：如企业与短期债权人之间定有在未来的特定日期支付特定金额的货币就属于明确契约；而员工承诺诚实和努力工作，经理承诺按股东最佳利益行事则属于模糊契约。

自利行为原则的另一个应用是机会成本和机会损失的理论。有竞争力的、值得做的行动经常被采纳。当某人采取了一种行动时，就等于取消了其他可能的行动。一种行动的价值和最佳选择的价值之间的差异称为机会损失，被放弃的最佳行动的价值称为机会成本。尽管机会成本和机会损失在实务操作中难以避免，但在做出一项有效决策时，机会成本是必须考虑的重要问题。

---

① 李艳，张霞，李春蕊.财务管理[M].延吉：延边大学出版社，2018.

### （二）双方交易原则

双方交易原则是指每一项财务交易中都至少存在两方：在一方根据自己的经济利益决策时，另一方也会按照自己的经济利益行动，并且对方和自己一样智慧、勤奋和富有创造力，因此在决策时要正确预见对方的反应，即不要以自我为中心，低估竞争对手可能会导致失败。

双方交易原则的重要依据是商业交易的"零和博弈"。"零和博弈"是这样一种情形：一个人获利只能建立在另一个人损失的基础上。一个高价格使购买人受损而卖方受益，一个低价格使购买人受益而卖方受损；一方得到的与另一方失去的恰好相等，从总体上看收益之和等于零，故称为"零和博弈"。在"零和博弈"中，双方都按照自利原则行事，谁都想获利而不愿受损失。最后得以成交很大原因在于信息的不对称。买卖双方由于信息的不对称，对金融市场产生了不同的预期。高估股票价值的人买进，低估股票价值的人卖出，直到市场价格达到他们一致的预期时交易停止。因此，在进行财务决策时，不要仅考虑自利原则，还要使对方有利，否则交易将无法进行。

双方交易原则的重要应用是公司收购，收购公司的经理对收购的目标公司经常支付超额的款项，给出如此高价是因为目标公司的现行市场价格被低估，他们认为自己能够更好地管理目标公司，以提高目标公司的获利能力，进而提高目标公司的价值。但实际上，一家公司决定收购另一家公司的时候，多数情况下收购公司的股价不是提高而是降低了，这说明收购公司的出价太高，减低了本公司的价值。

### （三）信号传递原则

信号传递原则是自利行为原则的延伸，是指行动可以传递信息，当行动与公司宣告不一致时，行动比公司的声明更有说服力。由于人们或公司是遵循自利原则的，所以一项资产的买进能暗示出该资产"物有所值"，买进的行为提供了有关决策者对未来的预期或计划的信息。例如，一个公司决定进入一个新领域，反映出管理者对自己公司的实力及对新领域的未来前景充满信心。

信号传递原则要求根据公司的行为判断它未来的收益状况。例如，一个经常用配股的办法找股东要钱的公司，很可能自身产生现金能力较差；一个大量购买国库券的公司很可能缺少净现值为正数的投资机会；内部持股人出售股份，常常是公司盈利能力恶化的重要信号。

当然，信号传递原则还要注意"逆向选择"的问题，即决策可能被误解，从而提供出并非公司真正要传递的信息。在资本市场上，每个人都在利用他人交易的信息，自己交易的信息也会被别人所利用。因此，应考虑交易的信息效应。例如，当把一件商品的价格降至难以置信的程度时，人们就会认为它的质量不好。又如，一家公司从原来简陋的办公室迁入豪华的写字楼，会向客户传达产品价格高、服务质量好、值得信赖的信息。因此，在决定行动时，不仅要考虑决策本身的收益和成本，还要考虑信息效应的收益和成本。

### （四）行为原则

行为原则是信号传递原则的直接运用，信号传递原则是说行动传递信息；而行为原则，简言之，即"让我们试图使用这些信息"。我们的理解力存在局限性，当不知道如何做对自己更有利，或者寻找最准确答案的成本过高，以至于在不值得把问题完全搞清楚的情况下，不要继续坚持采用正式的决策分析程序，包括收集信息、建立备选方案、采用模型评价方案等，而是直接模仿成功榜样或者大多数人的做法。

不要把行为原则简单看成是"盲目模仿"，它只有在两种情况下适用：一是理解存在局限性，认识能力有限，找不到最优的解决办法；二是寻找最优方案的成本过高，即理论尽管能提供明确的解决办法，但收集必要信息的成本超过了潜在的利益。行为原则在实践中有时会发生运用不当的情况，为减少成本和风险，行为原则有一条重要的警告：它是一个次优化原则，其最好的结果就是得出近似最优的结论，最差的结果是模仿了别人的错误。尽管行为原则存在着潜在的不足，但在某些情况下它仍然是有用的。

行为原则的一个重要应用就是"行业效应"。例如，作为一名财务经理，正面对一项重大资本结构决策，但这项决策没有唯一的、明显正确的方案。一种合理的办法就是从类似的其他公司中寻找出路，同一行业成功企业或多数企业所选择的政策能为其提供有用的指导。这种行为被称为"行业效应"。在做出资本结构的选择问题上，不要与同一行业成功企业或多数企业的水平偏离太远，这就成了资本结构决策的一项简便、有效的方法。

## 二、创造价值与经济效率原则

创造价值与经济效率原则是对增加企业财富基本规律的认识，其包括以下几方面：

### （一）有价值的创意原则

有价值的创意原则是指新创意（如新专利、新功能、新包装、新产品、新的营销方式等）能转化成额外的正价值。竞争力理论认为，企业的竞争优势可以分为经营奇异和成本领先两方面。经营奇异是指产品本身、销售交货、营销渠道等客户广泛重视的方面在产业内独树一帜。任何独树一帜都来源于新的创意。创造和保持经营奇异性的企业，如果其产品溢价超过了让产品具有独特性而附加的成本，它就能获得高于平均水平的利润。正是许多产品的发明，如爱迪生发明了灯泡、电影、动画等，使发明人和生产企业变得非常富有。

有价值的创意原则主要应用于直接投资项目，一个项目取得大于零的净现值的前提，必须是一个有创意的资本预算。重复过去的投资项目或者别人的已有做法，最多只能取得平均的报酬率，维持而不是增加股东财富。新的创意迟早要被人效仿，失去原有的优势，因此创新的优势都是暂时的。企业长期的优势只有通过建立一系列的短期优势才能维持。只有不断创新，才能维持经营的奇异性，并不断增加股东财富。潜在的、有待开发的新创意是无限的，由此给人们带来的财富也将是无穷无尽的。

### （二）比较优势原则

比较优势原则是指专长能创造价值，比较优势原则的一个应用是"物尽其用，人尽其才"。在有效的市场中，我们不必要求自己各方面都能做到最好，但要知道谁能做得更好。对于某一件事情，如果有人比自己做得更好，就支付报酬让他代自己去做。同时，自己可以去做别人做得更好的事情，这样每项工作就找到了最称职的人，就会产生经济效率。同样，一个企业、一个国家也是这样。在国际贸易中，如果每一个国家生产它最能有效生产的产品和劳务，当国家间进行贸易时就可以使每一个国家受益。比较优势原则要求企业把主要精力放在自己的比较优势上，而不是日常的运作上。建立和维持自己的比较优势，是企业长期获利的根本。

### （三）期权原则

期权是做某种事情的权力，没有任何义务，即不附带义务的权利，换言之，它是指所有者（期权购买人）能够要求出票人（期权的出售者）履行期权合同上载明的交易，但是出票人不能要求所有者去做任何事情。对所有者而言，期权不会产生负价值，因为所有者总是可以决定什么都不做。在财务上，一个明确的期权合约经常是指按照预先设定的价格买卖一项资产的权利。

期权是广泛存在的，可能在许多情况下并不被人们所察觉，但事实上，有时一项资产附带的期权比该资产本身更有价值。例如，有限责任公司是一个法律概念，它表明一个资产所有者的财务责任被限定在一定范围内，即公司的股东具有有限责任。如果公司宣告破产，他们不会承担比其已经投资在股票上的资产更多资产的风险。破产在法律上对债权人附加了不能偿付的期权。也对股东提供了不必全额清偿负债的期权。这是一种有价值的期权。

### （四）净增效益原则

净增效益原则是指财务决策建立在未来净增效益的基础上，一项决策的价值取决于它和替代方案相比所增加的净收益。例如，如果通用汽车公司今年在它的产品广告上没有花任何钱，一些人仍然会购买通用汽车公司的产品。这样，通用汽车公司产品广告的价值就建立在花了广告费带来的未来销售量和没花广告费带来的未来销售量两者差异的基础上。那么，通用汽车公司的决策，即是否做广告和花费多少钱做广告就建立在由于广告而净增销售量带来的利润和广告成本相比较的基础上。换言之，利润的净增量是广告决策的基础。在许多决策中，净增效益表现为现金流量。净增现金流量是指作为一项决策结果发生的现金流量减去没有这项决策发生的现金流量之差。

净增效益原则的一项应用是差额分析法，也就是在分析投资方案时只分析它们有区别的部分，而省略其相同的部分。例如，一项新产品投产的决策引起的现金流量的变化，不仅包括新设备投资，还包括动用企业现有非货币资源对现金流量的影响；不仅包括新产品的销售收入，还包括对现有产品销售产生的积极或消极的影响；不仅包括产品直接引起的现金流入和流出，还包括对公司的税务负担的影响等。净增效益原则初看似乎很容易理解，但实际贯彻起来需要非常清醒的头脑，需要周密地考察方案对企业现金流量总额的直接和间接影响。

净增效益原则的另一个应用是沉没成本问题，沉没成本是指已经发生、不会被以后的决策改变的成本，它不能改变未来的净增效益，因此与未来的决策毫无关系，在分析将要采纳的决策方案时应将其排除。

## 三、财务交易原则

财务交易原则是指从观察财务交易中得出的对于财务交易基本规律的认识，主要包括以下几方面：

### （一）风险—报酬权衡原则

风险—报酬权衡原则是指高风险的背后必然隐藏着高报酬，低风险的投资机会必然只有较低的预期收益。在财务交易中，当其他一切条件相同时人们倾向于高报酬和低风险。

如果两个投资机会报酬水平不同，但风险程度相同，人们会选择报酬较高的投资机会，这是自利原则所决定的；如果两个投资项目风险程度不同，报酬水平相同，人们会选择风险小的项目，这是风险反感决定的。所谓的"风险反感"是指人们普遍有规避风险的态度，认为风险是不利的事情。

人们都倾向于高报酬和低风险，而且都在按照他们自己的经济利益行事，由此引发的竞争带来了风险和报酬之间的权衡。不可能在低风险的同时获得高报酬，因为这是每个人都想得到的。即使有的企业最先发现了这样的投资机会并率先行动，别人也会迅速跟进，竞争会使报酬率降至与风险相当的水平。因此，现实的市场中只有高风险、高报酬和低风险、低报酬的投资机会。如果要想获得巨大的收益，就必须冒可能遭受巨大损失的风险，每个市场参与者都在风险和报酬之间权衡。有的人偏好报酬，有的人厌恶风险，但市场最终带来的是风险与报酬的对等，不会让人们去冒没有价值的风险。

## （二）投资分散化原则

投资分散化原则是指不要把全部财富都投资于一个项目，而是要分散投资。一个明智的投资者不会把它的全部财富都投资在同一个公司，那样若这个公司倒闭，其全部资产就有付诸东流的风险。如果投资分散在许多公司里，除非所有的公司都倒闭，否则不会失去全部财富。所有公司都倒闭的可能性比其中一个公司倒闭的可能性要小得多。这种广泛分布投资而不是集中投资的实务称为分散化。

投资分散化原则的理论依据是马科维茨的投资组合理论，该理论认为通过有效地进行证券投资组合，便可消减证券风险，达到降低风险的目的。分散化原则具有普遍意义，不仅适用于证券投资，公司日常产、供、销各项决策都应注意分散化原则。不应将公司的全部投资集中于个别项目、个别产品和个别行业；不应当把销售集中于少数客户；不应当使资源供应集中于个别供应商；重要的事情不要依赖一个人完成；重要的决策不要由一个人做出。凡是有风险的事项，都要贯彻分散化原则，以降低风险。

## （三）资本市场效率原则

资本市场是指证券（如股票和债券）买卖的市场，资本市场效率原则是指在资本市场上被频繁交易的金融资产的市场价格反映了所有可获得的信息，而且面对新信息完全能迅速地做出调整。资本市场的效率取决于新信息反映在每股价格上的速度。这种信息效率，即价格完全反映新信息的速度和准确性，会受到交易成本和交易活动障碍的影响。交易成本越低、交易活动的障碍越小，市场参与者对新信息的反应就越快、越容易，对反映新信息的每股价格调整也就越快。

资本市场效率原则要求理财时重视市场对企业的估价。资本市场犹如企业的一面镜子，又犹如企业行为的矫正器。股价可以综合反映公司的业绩，弄虚作假、人为地改变会计方法等对于企业价值的提高毫无用处。当市场对公司的评价降低时，应理性分析公司的行为是否出了问题并设法改进，而不应该设法欺骗市场。

## （四）货币时间价值原则

货币时间价值原则是指在进行财务计量时要考虑时间价值因素。货币时间价值是指在再生产过程中运动着的价值，在没有风险和通货膨胀的情况下，经过一定时间的投资与再投资所增加的价值。市场上一种普遍的客观经济现象是想让投资者把钱拿出来，市场必须给他一定的报酬，这种报酬包括两部分：一部分是无风险报酬，即资金的时间价值；另一部分是风险价值，即因为有风险而附加的投资报酬。货币时间价值原则的重要应用是现值概念。货币时间价值原则是财务交易原则中最有用的观念之一。

# 第四章 财务管理的基本模式

## 第一节 财务筹资管理模式

"筹资是指企业根据生产经营、对外投资以及调整资本结构等的需要，通过一定的筹资渠道，采取适当的筹资方式，获取所需资金的一种财务活动。"[①] 无论是设立企业，还是维持企业的简单再生产或扩大再生产，都需要有一定的资金支持。企业的资金运动是从筹集资金开始的。筹资是决定企业资金运动规模和生产经营发展的重要环节。筹资管理是企业财务管理的起点，加强筹资管理各环节的控制，努力降低筹资成本，是企业筹资管理的根本目标。

### 一、股权筹资管理

股权筹资是指企业通过吸收直接投资、发行股票、利用留存收益等方式来筹集资金。下面主要探讨吸收直接投资及其管理。吸收直接投资是企业按照"共同投资、共同经营、共担风险、共享利润"的原则直接吸收国家、法人、个人投入资金的一种筹资方式。吸收直接投资的方式适用于非上市公司。吸收直接投资的种类包括：吸收国家投资、吸收法人投资和吸收个人投资。

#### （一）吸收直接投资中的出资方式

吸收直接投资中的出资方式主要包括：以现金出资、以实物出资、以无形资产出资。

第一，以现金出资。现金在使用上具有灵活性大的特点，它既可用于购置资产，也可用于支付费用。因此，企业应尽量动员投资者采用现金出资的方式。

第二，以实物出资。以实物出资即投资者以厂房、建筑物、设备等固定资产和原材料、商品等流动资产进行的投资。企业吸收的实物资产应是企业确实所需的，并且技术先进、作价合理。其作价方式应按国家规定的有关方式执行或本着客观、公正的原则进行，如根据第三方（中介评估机构）的资产评估结果确定其价值，或者按双方

---

① 王玲.财务管理 [M].上海：上海财经大学出版社，2017.

签订的合同、协议约定的价值进行作价。

第三，以无形资产出资。以无形资产出资即投资者以专有技术权、商标权、专利权、土地使用权等无形资产进行的投资。一般而言，企业吸收的应该是技术先进，能帮助企业节能减耗、提高生产效率、增强竞争力的无形资产。吸收无形资产需要注意的是：无形资产的作价必须合理，并要符合国家对无形资产出资限额的规定。

### （二）吸收直接投资的优点与缺点

第一，吸收直接投资的优点。①吸收直接投资增大了企业的资本金，提高了企业的信誉和借款能力，对扩大企业经营规模、壮大企业实力具有重大作用。②吸收直接投资尤其是吸收实物资产和无形资产投资，能直接获得投资者的先进设备和技术，有利于尽快形成生产能力，占领市场先机。③由于企业吸收直接投资属于企业的权益性资金，无须偿还，企业可以自主使用，因此财务风险较小。④与股票筹资相比，吸收直接投资方式所履行的法律程序相对简单，因此筹资速度相对较快。

第二，吸收直接投资的缺点。①企业对于权益性资金支付的成本较高。因为，向投资者支付的报酬是根据其出资的数额和企业实现利润的比例来计算的，尤其是在企业经营状况较好和盈利较多时，企业往往会给投资者分配较多的利润，从而导致企业吸收直接投资的资金成本较高。②采取吸收直接投资的方式筹集资金，投资者往往会取得与投资金额相适应的经营管理权，甚至取得企业的控制权，这也是企业吸收权益性资金的代价之一。③由于吸收直接投资不以证券为媒介，因此其产权转让和交易不利于吸引广大投资者投资。

### （三）吸收直接投资的管理策略

吸收直接投资的管理策略主要包括以下内容：

第一，合理确定吸收直接投资的总量。企业在创建时，必须注意其资金筹集规模应与生产经营相适应，不能因资金筹集规模不足而影响生产经营效益。

第二，保持合理的出资结构与资产结构。由于在吸收直接投资形式下，各种不同出资方式形成的资产周转能力与变现能力不同，对企业正常生产经营能力的影响也不相同，因此企业应在吸收直接投资时确定较合理的结构关系。这些结构关系包括：现金出资与非现金出资之间的结构关系；实物资产与无形资产之间的结构关系；流动资产与长期资产之间的结构关系（包括流动资产与固定资产之间的结构关系）等。同时，保持各种出资方式资产之间的合理搭配，还能提高资产的运营效率，使企业在未来经营中动态地调整资产结构，保持所吸收资产的流动性和弹性。

第三，明确投资过程中的产权关系。不同投资者的投资数额不同，从而其所享有的权益也不相同。因此，企业在吸收直接投资时必须明确一系列产权关系，如企业与投资者之间的产权关系，以及各投资者之间的产权关系。

## 二、负债筹资管理

负债是企业的一项重要的资金来源，企业仅凭自有资金，不运用负债，很难满足自身发展的需要。负债筹资是通过负债筹集资金，主要包括向银行借款、发行债券、融资租赁等筹资方式。

### （一）向银行借款筹资

向银行借款是企业根据借款合同从有关银行或非银行金融机构借入所需资金的一种筹资方式。

1.银行借款的类型

（1）按借款期限的不同，银行借款可分为短期借款、中期借款和长期借款。短期借款是指借款期限在1年以内（含1年）的借款。中期借款是指借款期限在1年以上（不含1年）5年以下（含5年）的借款。长期借款是指借款期限在5年以上（不含5年）的借款。

（2）按提供借款的机构的不同，银行借款可分为以下类型：

第一，从政策性银行取得的政策性银行贷款。政策性银行贷款是指执行国家政策性贷款业务的银行向企业发放的贷款，通常为长期借款，如国家开发银行发放的贷款、农业发展银行发放的贷款、进出口银行发放的贷款等。向政策性银行借款的利率较优惠，贷款期限较长。

第二，从商业银行取得的商业银行贷款。商业银行贷款是指由各商业银行向工商企业发放的贷款，主要是为了满足企业生产经营的资金需要，包括短期贷款和长期贷款。

第三，从其他金融机构取得的贷款。其他金融机构贷款是指从非银行金融机构（如信托投资公司）取得的实物或货币形式的信托投资贷款；从财务公司取得的各种中长期贷款；从保险公司取得的贷款等。

（3）按有无担保，银行借款可分为信用借款和担保借款。信用借款是指以借款人的信用或保证人的信用为依据而获得的借款，企业取得这种借款，无须以财产作抵押。担保借款是由借款人或第三方依法提供保证责任、质押物或抵押物为担保而获得的借款，它包括保证贷款、质押贷款和抵押贷款。

（4）按借款用途的不同，银行借款可分为基本建设借款、专项借款和流动资金借款。基本建设借款是指企业因从事新建、改建、扩建等基本建设项目需要资金，而向银行申请借入的款项。基本建设借款主要用于固定资产的更新改造等，具有期限长、利率高 2 的特点。流动资金借款是指企业为了满足流动资金的需求而向银行申请借入的款项，包括流动基金借款、生产周转借款、临时借款、结算借款和卖方信贷。专项借款是指企业因为专门用途而向银行申请借入的款项，如大修理借款。

2. 向银行借款的信用条件

向银行借款的一般程序是：企业提出借款申请，填写"借款申请书"——银行审查借款申请——双方签订借款合同——企业取得借款——企业还本付息。银行在发放贷款时往往要附加一些信用条件，这些信用条件主要有以下几方面：

（1）信贷额度（贷款限额）。信贷限额是银行对借款人规定的无担保贷款的最高额。信贷限额的有效期限通常为 1 年，但根据情况也可延期 1 年。一般来讲，企业在批准的信贷限额内，可随时向银行借款。但是，银行并不承担必须提供全部信贷限额的义务。如果企业信誉恶化，即使银行曾同意过按信贷限额提供贷款，企业也可能得不到借款。这时，银行不会承担法律责任。

（2）周转信贷协定。周转信贷协定是指银行具有法律义务地承诺提供不超过某一最高限额的贷款协定。在协定的有效期内，银行必须满足企业在任何时候提出的借款要求。企业享用周转信贷协定，必须对贷款限额的未使用部分向银行支付一笔承诺费，这实际上是提高了企业的借款利率。

（3）补偿性余额。补偿性余额是指银行要求借款人在银行中保留按借款限额或实际借用额的一定百分比计算的最低存款余额。企业在使用资金的过程中，必须始终保持一定的补偿性余额在银行存款的账户上。这实际上增加了借款企业的利息，提高了借款的实际利率，加重了企业的财务负担。

（4）借款抵押。除信用借款以外，银行向财务风险大、信誉不好的企业发放贷款时，往往需要企业以抵押品作为借款的担保，以减少自己蒙受损失的风险。抵押品通常是借款企业的应收账款、存货、股票、债券及房屋等。银行接受抵押品后，将根据抵押品的账面价值决定贷款金额，一般为抵押品账面价值的 30%~50%。企业接受抵押借款后，其抵押财产的使用及将来的借款能力都会受到限制。

（5）偿还条件。无论何种贷款，一般会规定还款期限。根据我国金融制度的规定，贷款到期后仍无力偿还的，视为逾期贷款，银行要照章加收逾期罚息。贷款的偿还有到期一次还清和在贷款期内定期等额偿还两种方式。企业一般不希望采取后一种方式，因为这样会提高贷款的实际利率。

（6）以实际交易为贷款条件。当发生经营性临时资金需求时，企业可以向银行贷款以求解决。银行以企业的实际交易额为贷款基础，单独立项，单独审批，最后确定贷款的相应条件和信用保证。对这种一次性借款，银行要对借款人的信用状况、经营情况进行个别评价，然后才能确定贷款的利息率、期限和数量。

（7）保护性信用条款。与银行签订的借款合同中会有一些保护性条款，这些保护性条款通常分为以下三类：

第一，例行性保护条款。这类条款作为例行常规，在大多数合同中都会出现，如定期向贷款机构提交财务报表等。

第二，一般性保护条款。这类条款是对企业资产的流动性及偿债能力等方面进行要求的条款。这类条款应用于大多数借款合同中，如要求企业必须至少保持最低数额的营运资金和最低流动比率、限制非经营性支出等。

第三，特殊性保护条款。这类条款是针对特殊情况而出现在部分借款合同中的条款，只有在特殊情况下才能生效，如贷款专款专用，不准企业投资于短期内不能收回资金的项目、限制企业高级职员的薪金和奖金总额、要求企业主要领导人在合同有效期间担任领导职务、要求企业主要领导购买人身保险等。

3. 银行短期借款利息支付方法

（1）利随本清法。利随本清法又称收款法，即在短期借款到期时向银行一次性支付利息和本金。在这种方法下，借款的实际利率等于名义利率。

（2）贴现法。贴现法是银行向企业发放借款时，先从本金中扣除利息部分，而借款到期时企业再偿还全部本金的方法。在这种方法下，借款的实际利率高于名义利率。

（3）加息法。加息法是银行发放分期等额偿还贷款时采用的利息收取方法。在分期等额偿还贷款的情况下，银行要将根据名义利率计算的利息加到贷款本金上，计算出贷款的本息和，要求企业在贷款期内分期偿还本息之和的金额。由于贷款要分期等额偿还，因此借款企业实际上只平均使用了贷款本金的半数，却支付了全额利息。这样，企业所负担的实际利率便高于名义利率大约1倍。

4. 向银行借款筹资的优点与缺点

（1）向银行借款筹资的优点。

第一，向银行借款筹资与发行股票、债券等筹资方式相比，借款手续简便、耗时少，筹资速度快。

第二，向银行借款筹资的成本较低。同样是长期资金，长期借款融资的成本比股票融资的成本要低，因为长期借款利息可在所得税前列支，从而减少了企业实际负担的成本。与债券融资相比，长期借款利率一般低于债券利率，借款筹资的筹资费用也较少。

第三，向银行借款筹资弹性较好。借款时，企业与银行直接交涉，有关条件可谈判确定；用款期间，企业如因财务状况发生某些变动，也可与银行再协商。因此，向银行借款筹资对企业而言具有较大的灵活性。

第四，向银行借款筹资易于保守企业机密。向银行办理借款，可以避免向公众提供公开的财务信息，有利于减少财务信息的披露面，对保守财务秘密有益。

（2）向银行借款筹资的缺点。

第一，向银行借款，企业必须按期还本付息，偿债压力大，财务风险较高。

第二，银行为了保证贷款的安全性，往往会附加很多限制性条款，从而制约了企业对资金的自主使用和调配。

第三，银行出于对风险的控制，一般会对企业借款的数额进行限制，不像发行股票、债券那样，可一次性筹集大量资金。

### （二）发行债券筹资

债券是债券发行者为筹集资金而发行的到期还本付息的有价证券，也是债权人按规定取得固定利息和到期收回本金的债权证书。企业发行的债券称为企业债券或公司债券。公司债券是公司依照法定程序发行的，约定在一定期限内还本付息的有价证券，发行债券是公司筹集债权资本的重要方式。

1. 债券的要素

（1）债券的面值。债券的面值包括两个基本内容：一是币种；二是票面金额。币种可用本国货币，也可用外币，这取决于发行者的需要和债券的种类。票面金额是债券到期时企业需偿还债务的金额，它印在债券上，固定不变，到期必须足额偿还。

（2）债券的期限。债券有明确的到期日，债券从发行日起至到期日之间的时间称为债券的期限。债券的期限有日益缩短的趋势。在债券的期限内，公司必须定期支付利息；债券到期时，公司必须偿还本金。

（3）债券的利率及利息。债券上通常载明利率，一般为固定利率，也有少数是浮动利率。债券的利率为年利率，面值与利率相乘可得出年利息。

（4）债券的价格。理论上，债券的面值就是它的价格。但在实际操作中，由于发行者的要求或资金市场上的供求关系、利率的变化，债券的市场价格常常脱离它的面值，但差额并不大。发行者计算利息，偿付本金都以债券的面值为依据，而不以价格为依据。

2. 债券的分类

（1）债券按是否记名，可分为记名债券和不记名债券。记名债券是指企业发行债券时，债券购买者的姓名和地址在发行债券企业登记的一种债券。偿付本息时，按名册付款。这种债券的优点是比较安全，缺点是转让时手续比较复杂。不记名债券即带有息票的债券。企业在发行这种债券时，无须登记购买者的名字，持有人凭息票领取到期利息，凭到期债券收回本金。不记名债券转让时随即生效，无须背书，因此比较方便。

（2）债券按有无抵押担保，可分为信用债券和抵押债券。信用债券是无抵押担保的债券，是仅凭发行者的信誉发行的。由于这种债券无抵押，只作保证，因此债券持有者要承担一定的风险。同时，这种债券的利率往往高于有抵押担保的债券利率。抵押债券是以一定的抵押品作为抵押才能发行的债券，这种债券在国外比较常见。抵押债券按抵押品的不同，又可分为不动产抵押债券、动产抵押债券和证券抵押债券。如果债券到期不能偿还，持券人有权拍卖抵押品作为补偿。

（3）债券按能否转换，可分为可转换债券和不可转换债券。可转换债券是指根据发行契约，允许持券人按预定的条件、时间和转换率将持有的债券转换为公司普通股的债券。公司应当按照转换办法向债券持有人换发股票，但债券持有人对转换股票或者不转换股票有选择权。不可转换债券是指不享有将债券转换为股票的权利的债券。

（4）债券按利率确定方式的不同，可分为固定利率债券和浮动利率债券。固定利率债券是指在发行时规定利率在整个偿还期内不变的债券。浮动利率债券是指在发行时规定债券利率随市场利率定期浮动的债券，其利率通常根据市场基准利率加上一定的利差来确定。浮动利率债券往往是中长期债券。由于利率可以随市场利率浮动，因此采取浮动利率债券可以有效规避利率风险。

（5）债券按能否提前收兑，分为可提前收兑债券和不可提前收兑债券。可提前收兑债券是指企业按照发行时的条款规定，依一定条件和价格在企业认为合适的时间收回债券。这类债券的优点在于：当利率降低时，企业可用"以新换旧"的办法，收回已发行的利率较高的债券，代之以新的、利率相对较低的债券，以降低债务成本。不可提前收兑债券是指不能从债权人手中提前收回的债券，它只能在证券市场上按市场价格买回，或等到债券到期后收回。

此外，债券还可按偿还期限分为长期债券、中期债券、短期债券；按计息方式分为贴息债券、零息债券、附息债券；按发行方式分为公募债券和私募债券等。

3. 债券的发行

（1）债券的发行方式。债券的发行可采取公募发行和私募发行两种方式。

第一，公募发行，是以非特定的多数投资者为募集对象，向众多的投资者发行债券的方式。公募发行可筹集较多的资金，提高发行者在债券市场上的知名度。公募发行的优点是：债券利率较低，可以公开上市交易，有较好的流动性。公募发行的缺点是：发行费用较高，需要的发行时间较长。

第二，私募发行，是以特定的少数投资者为募集对象发行债券的方式。私募发行的优点是：能节约发行费用，并且缩短发行时间，限制条件较少。私募发行的缺点是：需要向投资者提供高于公募债券的利率，债券一般不能上市交易，缺乏流动性，且债务集中于少数债权人手中，发行者的经营管理容易受到干预。

（2）债券的发行价格。

第一，决定债券发行价格的因素。债券发行价格的高低，主要取决于以下四项因素：一是债券面额。一般而言，债券面额越大，发行价格越高；二是票面利率。债券的票面利率越高，发行价格也越高，反之，发行价格就越低；三是市场利率。债券发行时的市场利率越高，债券的发行价格也就越低，反之，发行价格就越高；四是债券期限。债券期限越长，债权人的风险越大，要求的利息报酬就越高，债券的发行价格就可能较低，反之，发行价格就可能较高。此外，债券利息的支付方式也在一定程度上影响债券的发行价格。

第二，确定债券发行价格的方法。在实务中，债券的发行价格通常有三种情况，即等价、溢价、折价。等价是指以债券的票面金额作为发行价格，多数公司债券采用等价发行；溢价是指按高于债券票面金额的价格发行债券；折价是指按低于债券票面金额的价格发行债券。

债券的价值是由未来给其持有人所带来的收益决定的。一般而言，债券的发行价格取决于债券的现值，即债券到期应付的面值和各期应付的利息按市场利率折合的现值。这里涉及与资金的时间价值相关的一对概念：现值与终值。现值即现在收款或付款的价值；终值即若干年后包括本金和利息在内的未来价值。由于债券偿还期较长，因此应按现值发行。分期付息时，债券的发行价格等于按市场利率折算的本金复利现值和利息的年金现值之和。一次还本付息时的债券发行价格是到期按市场利率计算的本息复利现值。

### 4. 债券的收回与偿还

（1）收回条款。一些企业在发行债券的契约中规定有收回条款，即企业在债券到期日之前可以用特定的价格收回债券。具有收回条款的债券使企业的融资具有较大的弹性。企业资金有结余或预测市场利率将下降时，企业都可以收回债券，然后以较低的利率发行新债券。

（2）偿债基金。一些企业在发行债券的契约中规定有偿债基金，即要求企业每年提取固定的偿债基金，以便顺利偿还债券。偿债基金根据企业每年的销售额或盈利计算。

（3）分批偿还。一些企业在发行债券时，就为不同编号或不同发行对象的债券规定了不同的到期日。这种到期日不同的债券，其利率和发行价格也不同，便于投资者选择最合适的到期日，因而便于发行。

（4）新债券换旧债券。企业可以根据需要，以发行新债券来调换一次或多次发行的旧债券。企业之所以要进行债券的调换，一般有以下原因：一是原有债券的契约中订有较多的限制条款，不利于企业的发展；二是将多次发行、尚未彻底偿清的债券进行合并，以减少管理费；三是有的债券到期，但企业现金不足，只能借新债还旧债。

（5）将债券转换成普通股。企业通过发行可转换债券的方式将债券转换为普通股来收回债券。

（6）到期一次以现金偿还。我国发行的债券多数采用这种方式。债券到期日的前三天，债券发行人应将兑付现金划入指定的账户，用于债券的偿还。

5.发行债券筹资的优点和缺点

（1）发行债券筹资的优点。

第一，发行债券筹资的资金成本相对较低。与股票的股利相比，债券的利息允许在所得税前支付，发行公司可享受税收优惠，因此公司实际负担的债券成本一般低于股票成本。

第二，发行债券筹资可发挥财务杠杆作用。无论发行公司的盈利有多少，债券持有人一般只收取固定的利息，而更多的收益可分配给股东或留存公司用于生产经营，从而增加了股东和公司的财富。

第三，发行债券筹资有利于保障股东对公司的控制权。债券持有者无权参与企业的管理决策，因此通过发行债券筹资，既不会稀释股东对公司的控制权，又能扩大公司的投资规模。

第四，发行债券筹资有利于调整资本结构。公司在进行债券发行种类的决策时，如果适时选择可转换债券或可提前收兑债券，则对企业主动调整其资本结构十分有利。

（2）发行债券筹资的缺点。

第一，债券有固定的到期日，并且定期支付利息，无论企业经营好坏都要偿还，筹资风险较高。

第二，债券发行契约书上的限制条款比优先股和短期债务严格得多，可能会影响企业以后的发展或筹资能力。

第三，公司发行债券筹资要受公司资质及相关条件的约束，筹资额有限。

### （三）融资租赁筹资

融资租赁是由租赁公司按承租单位要求出资购买设备，在较长的契约或合同期内提供给承租单位使用的一种信用业务。融资租赁是以融通资金为主要目的的租赁。一般借贷的对象是资金，而融资租赁的对象是实物，融资租赁是融资与融物的结合。

1.融资租赁的特点

（1）融资租赁一般涉及三方当事人，即出租人、承租人和供应商。

（2）融资租赁需要签订两个或两个以上的合同，即融资租赁合同、买卖合同、担保合同等。

（3）由承租人选定租赁物件和供货商。

（4）出租人不承担租赁物的瑕疵责任，可在一次租期内完全收回投资并盈利。

（5）融资租赁的标的物是特定设备，承租人也是特定的，因此租赁合同一般情况下不能中途解约。

（6）租赁期满后，承租人一般对设备有留购、续租和退租三种选择（在融资租赁交易中，承租人对租赁物几乎都要留购）。

2. 融资租赁的形式

融资租赁按其业务的不同特点，可分为以下形式：

（1）直接租赁。直接租赁是融资租赁的典型形式，通常所说的融资租赁就是指直接租赁。

（2）售后租回。在这种形式下，制造企业按照协议先将其资产卖给租赁公司，再作为承租企业将所售资产租回使用，并按期向租赁公司支付租金。

（3）杠杆租赁。杠杆租赁是国际上比较流行的一种融资租赁形式。它一般涉及承租人、出租人和贷款人三方当事人。从承租人的角度来看，它与其他融资租赁形式并无区别，同样是按合同的规定，在租期内获得资产的使用权，按期支付租金。但其对出租人却不同，出租人只垫支购买资产所需现金的一部分（一般为20%～40%），其余部分则以该资产为担保向贷款人借资支付。因此，在这种情况下，租赁公司既是出租人又是借资人，既要收取租金又要支付债务。由于这种融资租赁形式的租赁收益一般大于借款成本支出，出租人借款购物出租可获得财务杠杆利益，因此被称为杠杆租赁。

3. 融资租赁的程序

（1）选择租赁公司。企业决定采用租赁方式获取某项设备时，首先要了解各家租赁公司的经营范围、业务能力、资信情况，以及与其他金融机构（如银行）的关系，在取得各家租赁公司的融资条件和租赁费率等资料后加以比较，从中择优选择。

（2）办理租赁委托。企业选定租赁公司后，便可向其提出申请，办理委托。这时，承租企业需要填写"租赁申请书"，说明所需设备的具体要求，同时要向租赁公司提供企业的财务状况文件，包括资产负债表、利润表和现金流量。

（3）签订购货协议。由承租企业与租赁公司的一方或双方合作组织选定设备制造厂商，并与其进行技术与商务谈判，在此基础上签署购货协议。

（4）签订租赁合同。租赁合同由承租企业与租赁公司签订，它是租赁业务的重要文件，具有法律效力。融资租赁合同的内容可分为一般条款和特殊条款两部分。

（5）办理验货、付款与保险。承租企业按购货协议收到租赁设备时，要进行验收。验收合格后签发交货及验收证书，并提交给租赁公司，租赁公司据此向供应厂商支付设备价款。同时，承租企业要向保险公司办理投保事宜。

（6）支付租金。承租企业应在租期内按合同规定的租金数额、支付方式向租赁公司支付租金。

（7）合同期满处理设备。融资租赁合同期满时，承租企业应按租赁合同的规定，对设备退租、续租或留购。租赁期满的设备通常都以低价卖给承租企业或无偿赠送给承租企业。

4.融资租赁租金构成

在融资租赁方式下，承租企业需按合同规定向租赁公司支付租金。租金的数额和支付方式对承租企业未来的财务状况具有直接的影响，这也是融资租赁决策的重要依据。从出租人的角度看，购置设备需要支付一定的代价，并以此来取得收益。这些代价或收益都需要通过租金收入来补偿或取得。因此，租金的构成主要包括：一是租赁设备的购置成本，即设备价款，包括设备的买价、运杂费和途中保险费等；二是预计设备的残值，即设备租赁期满时预计的可变现净值；三是利息，即租赁公司为承租企业购置设备进行融资而应计的利息；四是租赁手续费，包括租赁公司承办租赁设备的营业费用以及一定的盈利。

5.融资租赁租金支付方式

融资租赁的租金通常采用分期支付的方式，具体类型有：按支付间隔期的长短，可以分为年付、半年付、季付和月付等方式；按支付时间的先后，可以分为先付租金和后付租金两种；按每期支付金额的多少，可以分为等额支付和不等额支付两种。

6.融资租赁筹资的优点与缺点

（1）融资租赁筹资的优点。

第一，融资租赁能迅速获得所需资产。融资租赁集"融资"与"融物"于一身，往往比借款购置设备更迅速，可使企业尽快形成生产经营能力。

第二，融资租赁的限制条件较少。企业运用股票、债券、长期借款等筹资方式都会受到相当多的资格条件限制。相比之下，融资租赁的限制条件较少。

第三，免遭设备陈旧过时的风险。随着科学技术的不断进步，固定资产的更新周期日趋缩短，企业设备陈旧过时的风险很高，相对于自己拥有的设备而言，融资租赁可降低这种风险。因为，融资租赁的期限一般为资产使用年限的75%以上，不会像自己购买设备那样在整个期间都承担风险，并且许多租赁协议都规定由出租人承担设备陈旧过时的风险。

第四，融资租赁到期还本的负担轻。租金在整个租期内分期支付，不用到期归还大量本金。许多借款都需要在到期日一次偿还本金，这会给财务基础较弱的公司造成相当大的困难，有时还会面临不能偿付的风险，而融资租赁则把这种风险分摊在整个租期内，可适当减少不能偿付的风险。

第五，融资租赁的税收负担轻。

第六，融资租赁可提供一种新的资金来源。

（2）融资租赁筹资的缺点。融资租赁的主要缺点是资金成本高，融资租赁通常比向银行借款或发行债券所负担的利息高得多，而且租金总额通常要高于设备价值的30%。承租企业在财务困难时期，支付固定的租金也将构成一项沉重的负担。若承租企业不享有设备残值，那么这也是一种损失。

# 第二节　财务投资管理模式

"企业创造价值的基本要求是其必须具有能够满足生产经营所需的各种条件，而这些条件的构建或准备，必然涉及如何既满足需要又付出的代价最小，投资管理就是要解决此问题。在企业的各种决策中，投资决策是最重要的决策。"[①] 投资决定企业日常经营活动的特点和方式，决定着企业的前景，因此，提出投资方案和评价方案的工作需要所有管理人员的共同努力才能取得满意的效果。

投资是特定经济主体以本金回收并获利为基本目的，将货币、实物资产等作为资本投放于某一个具体对象，为了在未来较长时间内获取预期经济利益的经济行为。简言之，企业投资是企业为获取未来长期收益而向一定对象投放资金的经济行为。例如，构建厂房设备、兴建电站、购买股票债券等经济行为，均属于投资行为。

## 一、财务投资意义与类型

### （一）投资的意义

企业需要通过投资配置资产，才能形成生产经营能力，取得未来的经济利益。

第一，投资是企业生存与发展的基本前提。企业的生产经营活动是企业资产的运用和资产形态的转换过程。投资是一种资本支出的行为，通过投资支出，企业构建流动资产和长期资产，形成生产条件和生产能力。实际上，无论是新设一个企业，还是建造一条生产线，都是一种投资行为。通过投资，确立企业的经营方向，配置企业所需的各类资产，并将它们有机地结合起来，形成企业的综合生产经营能力。如果企业想要进入一个新兴行业，或者开发一种新产品，都需要先行投资。因此，投资决策的正确与否，直接关系到企业的兴衰成败。

第二，投资是企业获得利润的基本前提。企业投资目的的实现，须通过预先垫付一定数量的货币或实物形态的资本，通过构建和配置形成企业各类资产，从事某类经营

---

活动，以获取未来的经济利益。通过投资形成企业生产经营能力，使企业得以开展具体的经营活动，获取经营利润。那些以购买股票、证券等有价证券方式向其他单位的投资，可以通过取得股利或债息来获取投资收益，也可以通过转让证券来获取资本利得。

第三，投资是企业风险控制的重要手段。企业经营面临的风险，有的来自市场竞争，有的来自资金周转以及原材料涨价、费用升高等情况。通过投资，可以将资金投向企业生产经营的薄弱环节，使企业的生产经营能力配套、平衡、协调。通过投资，可以实现多元化经营，将资金投放于经营相关程度较低的不同产品或不同行业，分散风险，稳定收益来源，降低资产的流动性风险、变现风险，增强资产的安全性。

### （二）投资的类型

分类是认识事物的一种手段。对企业投资进行科学的分类，有利于分清投资的性质，按不同的特点和要求进行投资决策，加强投资管理。

1. 直接投资与间接投资

按投资活动与企业本身的生产经营活动的关系，分为直接投资和间接投资。

直接投资是将资金直接投放于形成生产经营能力的实体性资产，直接谋取经营利润的企业投资。通过直接投资，购买并配置劳动力、劳动资料和劳动对象等具体生产要素，开展生产经营活动。直接投资的主要形式有：第一，投资者开办独资企业等，并独自经营；第二，与当地企业合作开办合资经营企业或合作经营企业，从而取得各种直接经营企业的权利，并派人员进行管理或参与管理；第三，投资者投入资本，不参与经营，必要时可派人员任顾问或指导；第四，投资者在股票市场上买入现有企业一定数量的股票，通过股权获得全部或相当部分的经营权，从而达到收购该企业的目的。

间接投资是将资金投放于股票、债券等权益性资产上的企业投资。之所以称为间接投资，是因为股票、债券的发行方在筹集资金后，再把这些资金投放于形成生产经营能力的实体性资产，获取经营利润。而间接投资方不直接介入具体生产经营过程，而是通过股票、债券上所约定的收益分配权利，获取股利或利息收入，分享投资的经营利润。

2. 项目投资与证券投资

按投资对象的存在形态和性质，分为项目投资和证券投资。

项目投资是指企业可以通过投资，购买具有实质内涵的经营资产。包括有形资产和无形资产，从而形成具体的生产经营能力，开展实质性的生产经营活动，谋取经营利润。项目投资的目的在于改善生产条件、扩大生产能力，以获取更多的经营利润。项目投资属于直接投资。

证券投资是指企业可以通过投资，购买具有权益性的证券资产，通过证券资产上所赋予的权利，间接控制被投资企业的生产经营活动，获取投资收益。这类投资，即购买属于综合生产要素的权益性权利资产的企业投资。

证券是一种金融资产，即以经济合同契约为基本内容、以凭证票据等书面文件为存在形式的权利性资产。例如，债券投资代表的是未来按契约规定收取债息和收回本金的权利，股票投资代表的是对发行股票企业的经营控制权、财务控制权、收益分配权、剩余财产追索权等股东权利。证券投资的目的，在于通过持有权益性证券，获取投资收益或控制其他企业的财务或经营政策，并不直接从事具体生产经营过程。因此，证券投资属于间接投资。

直接投资与间接投资、项目投资与证券投资，两种投资分类方式的内涵和范围是一致的，只是分类角度不同。直接投资与间接投资强调的是投资的方式性，项目投资与证券投资强调的是投资的对象性。

3. 发展性投资与维持性投资

按投资活动对企业未来生产经营前景的影响，分为发展性投资和维持性投资。

发展性投资是对企业未来的生产经营发展全局有重大影响的企业投资。发展性投资也可以称为战略性投资，例如，企业间兼并合并的投资、转换新行业和开发新产品投资、大幅度扩大生产规模的投资等。发展性投资项目实施后，往往可以改变企业的经营方向和经营领域，或者明显地扩大企业的生产经营能力，或者实现企业的战略重组。

维持性投资是为了维持企业现有的生产经营正常顺利进行，不会改变企业未来生产经营发展全局的企业投资。维持性投资也可以称为战术性投资，例如，更新替换旧设备的投资、配套流动资金投资、生产技术革新的投资等。维持性投资项目所需要的资金比较少，对企业生产经营的前景影响不大，投资风险相对也较小。

4. 对内投资与对外投资

按投资活动资金投出的方向，分为对内投资和对外投资。

对内投资是在本企业范围内部的资金投放，用于购买和配置各种生产经营所需的经营性资产。对内投资都是直接投资。

对外投资是向本企业范围以外的其他单位的资金投放。对外投资多以现金、有形资产、无形资产等形式，通过联合经营、合作经营换取股权、购买证券资产等投资方式，向企业外部其他单位投放资金。对外投资主要是间接投资，也可能是直接投资。

5. 独立投资与互斥投资

按投资项目之间的相互关联关系，分为独立投资和互斥投资。

独立投资是各个投资项目之间互不关联、互不影响，可以同时并存，只要满足一定评价标准即可采纳的投资方案。独立投资是相容性投资，例如，建造一个饮料厂和建造一个纺织厂，它们之间并不冲突，可以同时进行。对于一个独立投资项目而言，其他投资项目被采纳或放弃，对本项目的决策并无显著影响。因此，独立投资项目决策考虑的是方案本身是否满足某种决策标准。例如，可以规定凡提交决策的投资方案，都要求其预期投资报酬率达到 20% 才能被采纳。这里，预期投资报酬率达到 20%，就是一种预期的决策标准。

互斥投资是指各个投资项目之间相互关联、相互替代，不能同时并存，只能选择其中之一的投资活动。互斥投资是非相容性投资，例如，对企业现有设备进行更新，购买新设备就必须处置旧设备，它们之间是互斥的。对于一个互斥投资项目而言，其他投资项目被采纳或放弃，会直接影响本项目的决策，其他项目被采纳，本项目就不能被采纳。因此，互斥投资项目决策考虑的是各方案之间的排斥性，也许每个方案都是可行方案，但互斥决策需要从中选择最优方案。

## 二、财务投资的主要特点

企业的投资活动与经营活动是有差别的，财务投资活动的结果对企业在经济利益上有较长期的影响。企业投资涉及的资金多、经历的时间长，对企业未来的财务状况和经营活动都有较大的影响。与日常经营活动相比，财务投资的主要特点有以下几方面：

### （一）投资是企业的战略性决策

企业投资活动一般涉及企业未来的经营发展方向、生产能力及规模等问题，例如，厂房设备的新建与更新、新产品的研制与开发、对其他企业的股权控制等。劳动力、劳动资料和劳动对象，是企业的生产要素，是其进行经营活动的前提条件。企业投资主要涉及生产经营所需的固定资产的构建、无形资产的获取等劳动资料的获取。企业投资的对象也可能是生产要素综合体，即对另一个企业股权的取得和控制。这些投资活动，直接影响本企业未来的经营发展规模和方向，是企业简单再生产得以顺利进行并实现扩大再生产的前提条件。企业的投资活动先于经营活动，这些投资活动往往需要一次性地投入大量的资金，并在一段较长的时期内发生作用，对企业经营活动的方向产生重大影响。

### （二）投资是企业的非程序化管理

企业有一些经济活动是日常重复进行的，例如，原材料的购买、员工的雇用、产品的制造与销售等，称为日常的例行性活动。这类活动经常性地重复发生，有一定的规律，可以按既定的程序和步骤进行，对这类重复性日常经营活动的管理，称为程序化管理。企业有一些经济活动往往不是经常性地重复出现，例如，新产品的开发、设备的更新、企业兼并等，称为非例行性活动。非例行性活动只能针对具体问题，按特定的影响因素、相关条件和具体要求进行审查和抉择。对这类非重复性特定经济活动的管理，称为非程序化管理。

企业的投资项目涉及的资金数额较大，这些项目的管理，不仅是投资问题，也是资金筹集问题。特别是设备和生产能力的构建、对其他关联企业的并购等，需要大量的资金。对于一个产品制造或商品流通的实体性企业而言，这种筹资和投资不会经常发生。

企业的投资项目产生影响的时间长。这些投资项目投入使用后，将形成企业的生产条件和生产能力，这些生产条件和生产能力的使用期限长，将在企业多个经营周期内直接发挥作用，也将间接影响日常经营活动中流动资产的配置与分布。

企业的投资活动是不经常发生的，有一次性和独特性的特点，投资管理属于非程序化管理。每一次投资的背景、特点、要求等都不一样，无明显的规律可遵循，管理时需要更加周密思考、慎重决策。

### （三）投资价值的波动性大

投资项目的价值，是由投资的标的物资产的内在获利能力决定的。这些标的物资产的形态是不断转换的，未来收益的获得具有较大的不确定性，其价值也具有较大的波动性。同时，各种外部因素，例如市场利率、物价等的变化，也时刻影响着投资标的物的资产价值。

因此，企业投资管理决策时，要充分考虑投资项目的时间价值和风险价值。企业投资项目的变现能力是不强的，因为其投放的标的物大多是机器设备等变现能力较差的长期资产，这些资产的持有目的也不是为了变现，并不准备在 1 年或超过 1 年的一个营业周期内变现。因此，投资项目的价值也是不易确定的。

## 三、财务投资管理的原则

为了适应投资项目的特点和要求，实现投资管理的目标，做出合理的投资决策，需要遵循财务投资管理的基本原则，以保证投资活动的顺利进行。

### （一）投资管理的可行性分析原则

投资项目的金额大，资金占用时间长，一旦投资后具有不可逆转性，对企业的财务状况和经营前景影响重大。因此，在投资决策之时，必须建立严格的投资决策程序，进行科学的可行性分析。

项目可行性分析是对项目实施后未来的运行和发展前景进行预测，通过定性分析和定量分析来比较项目的优劣，为投资决策提供参考。投资项目可行性分析是投资管理的重要组成部分，其主要任务是对投资项目实施的可行性进行科学的论证，主要包括环境可行性、技术可行性、市场可行性、财务可行性等方面。

环境可行性是要求投资项目对环境的不利影响最小，并能带来有利影响，包括对自然环境、社会环境和生态环境的影响。尤其需要关注国家、社会等对环境影响程度有明确规定的项目。建设项目的环境影响报告书应当包括以下内容：建设项目概况；建设项目周围环境现状；建设项目对环境可能造成影响的分析、预测和评估；建设项目环境保护措施及其技术、经济论证；建设项目对环境影响的经济损益分析；对建设项目实施环境监测的建议；环境影响评价的结论。建设项目的环境影响评价属于否决性指标，凡未开展或没通过环境影响评价的建设项目，无论其经济可行性和财务可行性如何，一律不得通过。

技术可行性是指要求投资项目形成的生产经营能力，具有技术上的适应性和先进性，包括工艺、装备、地址等。

市场可行性是指要求投资项目形成的产品能够被市场所接受，占据一定的市场份额，进而才能带来经济上的效益性。

财务可行性是指要求投资项目在经济上具有效益性，这种效益性是明显的和长期的。

财务可行性分析是投资项目可行性分析的主要内容，因为投资项目的根本目的是经济效益，市场和技术上可行性的落脚点也是经济上的效益性，项目实施后的业绩绝大部分表现在价值化的财务指标上。财务可行性是在相关的环境、技术、市场可行性完成的前提下，着重围绕技术可行性和市场可行性而开展的专门经济性评价。同时，一般也包含资金筹集的可行性。财务可行性分析的主要内容包括：收入、费用和利润等经营成果指标的分析；资产、负债、所有者权益等财务状况指标的分析；资金筹集和配置的分析；资金流转和回收等资金运行过程的分析；项目现金流量、净现值、内含报酬率等项目经济性效益指标的分析；项目收益与风险关系的分析等。

## （二）投资管理的结构平衡原则

由于投资往往是一个综合性的项目，不仅涉及固定资产等生产能力和生产条件的构建，还涉及使生产能力和生产条件正常发挥作用所需要的流动资产的配置。同时，由于受资金来源的限制，投资也常常会遇到资金需求超过资金供给的矛盾。如何合理配置资源，使有限的资金发挥最大的效用，是投资管理中资金投放所面临的重要问题。资金既要投放于主要生产设备，又要投放于辅助设备；既要满足长期资产的需要，又要满足流动资产的需要。投资项目在资金投放时须遵循结构平衡的原则，合理分布资金，具体包括：固定资金与流动资金的配套关系、生产能力与经营规模的平衡关系、资金来源与资金运用的匹配关系、投资进度和资金供应的协调关系、流动资产内部的资产结构关系、发展性投资与维持性投资的配合关系、对内投资与对外投资的顺序关系、直接投资与间接投资的分布关系，等等。

投资项目在实施后，资金就会较长期地固化在具体项目上，退出和转向都不太容易。只有遵循结构平衡的原则，投资项目实施后才能正常顺利地运行，才能避免资源的闲置和浪费。

### （三）投资管理的动态监控原则

投资的动态监控是对投资项目实施过程中的进程控制，特别是对于那些工程量大、工期长的建造项目而言，有一个具体的投资过程，需要按工程预算实施有效的动态投资控制。

投资项目的工程预算，是对总投资中各工程项目以及所包含的分步工程和单位工程造价规划的财务计划。建设性投资项目应当按工程进度，对分项工程、分步工程、单位工程的完成情况，逐步进行资金拨付和资金结算，控制工程的资金耗费，防止资金浪费。在项目建设完工后，通过工程决算，全面清点所建造的资产数额和种类，分析工程造价的合理性，合理确定工程资产的账面价值。

对于间接投资特别是证券投资而言，投资前先须认真分析投资对象的投资价值，根据风险与收益均衡的原则合理选择投资对象。在持有金融资产过程中，需要广泛收集投资对象和资本市场的相关信息，全面了解被投资单位的财务状况和经营成果，保护自身的投资权益。有价证券类的金融资产投资，其投资价值不仅由被投资对象的经营业绩决定，还受资本市场的制约。这就需要分析资本市场上资本的供求关系，预计市场利率的波动和变化趋势，动态地估算投资价值，寻找转让证券资产和收回投资的最佳时机。

# 第三节　财务营运资金管理模式

## 一、营运资金及其管理原则

营运资金也叫作营运资本。广义的营运资金又称总营运资本，是指企业生产经营活动中占用在流动资产上的资金，具体包括现金、交易性金融资产（有价证券）、应收账款、存货等占用的资金。狭义的营运资金是指某时点企业的流动资产与流动负债的差额。因此，营运资金的管理既包括流动资产的管理，也包括流动负债的管理。

### （一）营运资金的特点

营运资金的特点可以通过流动资产和流动负债的特点体现出来。

1. 流动资产特点

与固定资产相比，流动资产具有以下几方面特点：

（1）投资回收期短。投资于流动资产的资金一般在一年或一个营业周期内收回，相对于固定资产而言，流动资产的周转期较短，周转速度较快，对企业产生影响的时间比较短。

（2）流动性强。流动资产的流动性与其变现能力相关。流动资产在循环周转过程中，经过供、产、销三个阶段，其占用形态不断发生变化，因此具有较强的变现能力。如果遇到意外情况企业可迅速变卖流动资产，以获取现金，这对于满足企业的临时性资金需求具有重要意义。但是，过高的流动资产占比又会降低企业的整体收益，因此流动资产数额应保持在恰当的水平上。

（3）并存性。在流动资产周转的过程中，企业每天都不断有资金流入，也有资金流出，流入和流出总要占用一定的时间，从供、产、销的某一瞬间看，各种不同形态的流动资产同时存在。因此，合理配置流动资产各项目的比例，是保证流动资产得以顺利周转的必要条件。

（4）波动性。流动资产的投资并非一个常数，随着供、产、销的变化，其资金占用时高时低，起伏不定。非季节性企业如此，季节性企业更是如此。对于流动资产的投资管理而言，企业应该尽可能使流动资产的变动与企业的生产经营波动保持一致，以满足企业生产经营活动对资金的需要。

2. 流动负债特点

与长期负债筹资相比，流动负债具有筹资速度快、财务弹性大、筹资成本低、偿债风险大的特点。

（1）筹资速度快。一般而言，筹集短期借款比筹集长期借款更容易获取，而且所需时间往往较短。

（2）财务弹性大。与长期负债相比，流动负债使企业具有较大的灵活性，企业可以根据自己的资金需要量，及时调整流动负债的数额。

（3）筹资成本低。在正常的情况下，相同的贷款时间内，短期贷款与相应数额的长期贷款相比，所付利息要少一些。对于某些具有"自然筹资"性质的流动负债（如应付账款、应交税费等）而言，则根本没有筹资成本。

（4）偿债风险大。由于流动负债的占用时间往往比较短，因此偿债风险较大。

## （二）营运资金管理原则

企业的营运资金在全部资金中占有相当大的比重，而且周转期短、形态易变，是企业财务管理工作的一项重要内容。企业财务管理的大量时间都用于营运资金的管理。

企业进行营运资金管理，必须遵循以下原则：

第一，认真分析企业生产经营状况，合理确定营运资金的需要数量。企业营运资金的需要数量与企业生产经营活动有直接关系，当企业产销量旺时，流动资产会大幅增加，流动负债也会相应增加；而当企业产销量减少时，流动资产和流动负债也会相应减少。因此，企业财务人员应认真分析生产经营状况，采用一定的方法预测营运资金的需要数量，以便合理使用营运资金。

第二，在保证生产经营需要的前提下，节约使用资金。在营运资金的管理中，要在保证生产经营需要的前提下尽量节约使用资金，减少资金在流动资产上的占用量，挖掘资金潜力，提高资金使用效率。

第三，加速营运资金周转，提高资金的利用效果。营运资金周转是指企业的营运资金从现金投入生产经营开始，到最终通过销售收回现金的过程。在其他因素不变的情况下，加速营运资金的周转，也就提高了资金的利用效果。因此，企业要加速存货、应收账款等流动资产的周转，以便用有限的资金，创造出最大的经济效益。

第四，合理安排流动资产与流动负债的比例，保证企业有足够的短期偿债能力。企业若偿债能力不足，尤其是短期偿债能力不足，不能偿还到期债务，不仅会影响企业的信誉和以后的发展，而且可能直接威胁企业的生存。如果一个企业的流动资产比较多，流动负债比较少，则说明企业的短期偿债能力较强；反之，则说明短期偿债能力较弱。但如果企业的流动资产太多，流动负债太少，也不是一种正常现象，这可能是流动资产闲置或流动负债利用不足所致。因此，在营运资金管理中，企业要合理安排流动资产和流动负债的比例关系，以便既节约使用资金，又保证企业有足够的偿债能力。

## 二、财务营运中的现金管理

现金，是指在生产过程中暂时停留在货币形态的资金，包括库存现金、银行存款、银行本票和银行汇票等。交易性金融资产作为现金的一种变换存在形式，目的是在保持流动性的前提下，获取一点闲置资金的收益。作为现金的替代品，交易性金融资产是一种准货币，因而在流动资产管理中，往往将其视为现金的一部分。

在企业的流动资产中，现金是流动性最强的一种资产，具有可以立即支付的特点，不仅可以用来满足生产经营开支的各种需要，而且是还本付息和履行纳税义务的保证。因此，拥有足够的现金对企业具有十分重要的意义。企业应合理安排现金的持有量，避免现金闲置，以提高资金的使用效率。

### （一）企业持有现金的动机与成本

1. 企业持有现金的动机类型

现金是非收益性资产，持有量过多，企业的机会成本就会增大，资金使用效率就会降低。但是为了满足以下动机的需要，企业又必须持有一定量的现金。

（1）交易动机。交易动机是指企业为了满足日常的交易活动而需要持有现金的动机，如购买原材料、支付工资、缴纳税款等。这种需要发生频繁、金额较大，是企业持有现金的主要动机。

（2）预防动机。预防动机是指企业为应付意外事件而持有现金的动机。由于市场行情的瞬息万变以及其他各种不确定性因素的存在，如销售不畅、自然灾害、生产事故、主要顾客未及时付款等，都会影响企业的现金收支计划。企业因预防动机所持有的现金量取决于以下因素：一是企业临时举债能力的强弱；二是企业对现金流量预测的可靠程度；三是企业愿意承担风险的程度。

（3）投机动机。投机动机是指企业为抓住一些转瞬即逝的市场投资机会来获取收益而持有现金的动机。例如，遇到有廉价原材料供应的机会，便可用手头现金大量购入；预计证券行情看涨，便可以用现金购买证券等。

2. 企业持有现金的成本类型

企业持有现金的成本通常有机会成本、转换成本、短缺成本、管理成本。

（1）机会成本。机会成本是指企业因持有现金而放弃的再投资收益。现金的机会成本属于变动成本，它与现金的持有量呈正比例关系，即现金持有量越大，机会成本越高。

（2）转换成本。转换成本是指用现金购入有价证券以及转让有价证券换取现金时付出的交易费用，即现金同有价证券之间相互转换的成本，如委托买卖佣金、委托手续费、证券过户费、实物交割手续费等。严格地讲，转换成本仅指与交易金额无关而与交易次数成正比的交易费用。证券转换成本与现金持有量的关系是：在现金需要量既定的前提下，现金持有量越少，进行证券变现的次数就越多，相应的转换成本就越大；反之，现金持有量越多，进行证券变现的次数就越少，需要的转换成本就越小。

（3）短缺成本。短缺成本是指因现金持有量不足又无法及时通过有价证券变现等形式加以补充而给企业造成的损失，包括由于现金的短缺而使企业的生产经营及投资受到影响所造成的损失，以及因不能及时支付而使企业蒙受的信誉损失等。短缺成本与现金持有量呈反比例关系，即现金的短缺成本随现金持有量的增加而下降，随现金持有量的减少而上升。

（4）管理成本。管理成本是指企业因持有现金而发生的管理费用，如有关人员的工资，以及构建安全装置的费用等。管理成本通常是固定的，在一定的范围内，不随现金持有量的大小而变化，属于固定成本。

### （二）确定最佳现金持有量

为应付各种现金支出的需要，企业必须持有一定数量的现金，但过多或过少地持有现金，对企业都是不利的。因此，企业应该确定最佳现金持有量。最佳现金持有量是指既能保证企业生产经营的需要，又能使企业获得最大收益的最低现金持有量。确定最佳现金持有量的方法有很多，这里主要分析存货分析模式、成本分析模式两种方法。

1. 存货分析模式

存货分析模式的着眼点也是现金相关总成本最低，在这些成本中，管理成本因其相对稳定，同现金持有量的大小关系不大，所以在存货模式中将其视为与决策无关的成本。由于现金是否会发生短缺、短缺多少、概率多大以及损失如何，都存在很大的不确定性和无法计量性，因此在存货分析模式中，企业对短缺成本也不予考虑。这样，在存货模式中，需要考虑的只有机会成本和转换成本。机会成本和转换成本随着现金持有量的变动而呈现相反的变动趋势。这就要求企业必须对现金与有价证券的分割比例进行合理安排，从而使机会成本与转换成本之和保持最低。换言之，能够使现金管理的机会成本与转换成本之和保持最低的现金持有量，就是最佳现金持有量。

2. 成本分析模式

成本分析模式是指在不考虑现金转换成本的情况下，通过对持有现金的成本进行分析而找出最佳现金持有量的一种方法。换言之，成本分析模式就是找出各种现金持有方案中机会成本、短缺成本和管理成本所组成的总成本之和最低的方案所对应的现金持有量，即为最佳现金持有量。这里，持有现金的机会成本可通过现金平均持有量与有价证券收益率之积确定，它与现金持有量成正比例关系；短缺成本与现金持有量呈反比例关系；管理成本具有固定成本的属性，不随现金持有量变化。运用该模式确定最佳现金持有量的具体步骤为：①根据各种可能的现金持有量测算并确定有关成本数值。②根据上一步骤的结果编制最佳现金持有量测算表。③从测算表中找出总成本最低时的现金持有量，即最佳现金持有量。

### （三）现金的日常管理策略

现金的日常管理主要是对现金收支的时间加以控制，从而加快现金流转、缩短现金周转期，以保持最适宜及最少量的现金余额。其目的在于提高现金使用效率，为了达到这一目的，企业可以运用以下几方面策略：

1. 力争现金流入与流出同步等量策略

从理论上讲，企业如果能使现金收入量与流出量同时等量地发生，便可以极大地利用资金，而不需要置存现金。但实际上，这是不可能的。企业能够切实做到的是尽可能准确地预测现金流入和流出，确定适当的现金余额，并及早采取措施，合理安排使用多余的现金或弥补现金的不足，以充分发挥现金的使用效益，保证日常经营对现金的需求。例如，企业可以合理安排购货等活动以支出现金，有效组织销售等活动以收入现金，力争使现金流入与现金流出趋于一致。这就要求企业必须做好现金流量的预测工作，并在此基础上编制相应的现金预算。此外，企业还可辅之以适度透支政策等办法，促使这一目标的实现。

2. 使用现金浮游量策略

从企业开出支票，收款人收到支票并存入银行，到银行将款项划出企业账户，中间需要一段时间，现金在这段时间的占用称为现金浮游量。此时，尽管企业已开出了支票，但由于款项并未从企业账户划出，因此企业仍可动用这笔资金。现金浮游量包括签发支票产生的浮游量及收入支票产生的浮游量，签发支票产生的浮游量为正浮游量，收入支票产生的浮游量为负浮游量。企业可控制好使用时间，在防止发生银行透支的前提下，利用好现金浮游量。

3. 加速收款策略

加速收款的重点是加速应收账款的回收，管理的主要内容包括结算方式的选择，以及赊销政策、信用政策、收账政策的制定等。近年来，电子商务尤其是互联网的迅速发展，使得电子付款手段方便、快捷、准确，企业可鼓励客户采用 EDI（电子数据交换系统）方式付款，以缩短结算及在途时间。

4. 推迟应付账款的支付策略

推迟应付账款的支付是指在不影响企业信用等因素的前提下，采取延缓现金支出，以最大限度地利用现金持有余额，从而提高总体资金使用效益的一种现金管理策略。具体的措施包括：①采用适当的付款方式。在有条件的情况下，尽量采用能够延缓现金实际流出时间的付款方式，如采取赊购、期票付款、商业票据付款等方式。②充分利用对方给予的信用政策和信用条件。例如，在丧失折扣的情况下，企业通常把信用期最后一天作为付款时间。

## 三、财务运营中应收账款管理

应收账款是企业因对外赊销产品、材料、提供劳务及其他原因，而向购货单位或接受劳务单位及其他单位收取的款项。随着市场经济的发展，商业信用的使用日趋增多，应收账款的数额也逐渐增大，加强对应收账款的管理已成为当前流动资产管理的重要内容。

### （一）应收账款功能与成本

1. 应收账款功能

（1）促进销售。销售产品的方式有现销和赊销两种。在市场竞争日趋激烈的情况下，赊销是促进销售的一种重要方式。通过赊销向客户提供商业信用，可以招揽更多的客户，扩大市场销售，增加市场份额，增强企业产品的竞争力，从而给企业带来更多的收益。特别是在企业产品销售不畅、市场疲软、竞争力不强，或者推广新产品，开拓新市场时，赊销更是具有重要的意义。

（2）减少存货。企业持有存货，会增加管理费、仓储费和保险费等的支出。赊销方式能增加销售，也促成了产成品存货的减少，使存货转化为应收账款，从而减少了存货管理的有关支出。因此，企业在存货较多时，可以采用较为优惠的信用条件进行赊销，以减少存货及节约各项存货管理费用的支出。

2. 应收账款成本

赊销方式在促进销售的同时，也会因持有应收账款而付出一定的代价，这种代价即为应收账款的成本。应收账款的成本有以下几方面：

（1）机会成本。应收账款的机会成本是指企业的资金因被应收账款占用而不能用于其他投资，所丧失的投资收益。其大小不仅与企业维持赊销业务所需的资金量有关，还与企业的平均收现期、变动成本率、资金成本率等因素有关。

（2）管理成本。应收账款的管理成本是指企业因对应收账款进行管理而耗费的开支，是应收账款成本的重要组成部分。其主要包括对客户的资信调查费用、收集各种信息的费用、应收账款簿记录费用、收账费用以及其他费用。

（3）坏账成本。应收账款的坏账成本是指应收账款因故无法收回而给企业造成的损失。它一般与应收账款的数额大小有关，即应收账款越多，坏账成本越大。

### （二）应收账款的信用政策

应收账款的信用政策即应收账款的管理政策，是指企业为规划应收账款规模和监控应收账款回收情况而制定的一系列策略与措施。应收账款的信用政策包括信用标准、信用条件和收账政策三项内容。

1. 信用标准

信用标准是客户获得企业商业信用所应具备的最低条件，通常由预期的坏账损失率来衡量。如果企业的信用标准定得高，只对信誉很好、坏账损失率很低的顾客给予赊销，就可以减少坏账成本和应收账款的机会成本，但会减少销售量。相反，如果信用标准定得低，销售量虽能增加，但同时会使企业的应收账款以及相关成本增加。信用标准的制定，可以从定量及定性两方面进行分析。定量依据是估量客户的信用等级和坏账损失率。定性依据主要从同行业竞争对手的情况、企业承担违约风险的能力、客户的资信程度等方面进行综合考虑。其中，客户资信程度的高低通常通过"5C"系统来评价，即客户的信用品质（Character）、偿债能力（Capacity）、资本（Capital）、抵押品（Collateral）、条件（Condition）。

信用品质是指客户的信誉，是评估顾客信用品质的首要指标，如以往是否有故意拖欠账款和赖账的行为，与其他供货企业的关系是否良好等。偿债能力是指顾客或客户的偿债能力，即其流动资产的数量和质量以及与流动负债的比例。资本是指顾客或客户的财务实力和财务状况，表明顾客可能偿还债务的背景，如负债比率、流动比率、速动比率、有形资产净值等财务指标。抵押品是指顾客或客户拒付款项或无力支付款项时能被用作抵押的资产，一旦收不到这些顾客的款项，便以抵押品抵补，这对于首次交易或信用状况有争议的顾客或客户尤为重要。经济状况是指可能影响顾客或客户付款能力的社会经济环境。

上述五个方面的信用资料可以通过访问客户、直接查阅与分析客户的财务报表获得，也可以通过银行提供的客户信用资料以及与该客户的其他单位交换有关信用资料间接取得。

2. 信用条件

信用条件是指企业要求客户支付赊购货款的条件，它由信用期限、现金折扣期限及现金折扣率等部分组成。信用条件可在行业惯例的基础上，结合企业自身确定的信用标准给出。

（1）信用期限的确定。信用期限是指企业允许客户从购货到付款之间的时间间隔，是企业允许客户延迟付款的最长期限。信用期限过短，不能够吸引顾客，不利于扩大销售；信用期限过长，虽然可吸引更多的客户，刺激销售，但也会使管理成本、机会成本和坏账成本上升。因此，制定信用期限时，应考虑延长信用期限增加的销售利润是否超过所增加的成本费用。

（2）现金折扣的确定。延长信用期限会增加应收账款的占用额和收账期，从而增加机会成本、管理成本和坏账成本。许多企业为了加速资金周转，及时收回货款，减少坏账损失，往往在延长信用期限的同时，采用一定的优惠措施，即在规定的时间内提前偿付货款的客户可按销售收入的一定比率享受折扣，这便是现金折扣。现金折扣政策由现金折扣期限和现金折扣率两部分组成。

与延长信用期限一样，采用现金折扣方式在刺激销售，加速现金回收及降低机会成本、管理成本和坏账成本的同时，也需要付出一定的代价，即现金折扣成本。现金折扣成本也是信用决策中的相关成本。因此，是否实行现金折扣政策以及设计何种程度的现金折扣政策的基本思路是：增加的销售利润能否超过增加的机会成本、管理成本、坏账成本和折扣成本之和。

3.收账政策

收账政策是指客户违反信用条件、拖欠甚至拒付账款时，企业所采取的收账策略与措施。

企业对拖欠的应收账款，无论采用何种方式进行催收，都需要付出一定的代价，即收账费用，某些催款方式的费用还会很高（如诉讼费等）。因此，收账政策应建立在一个适宜的范围之内。积极的收账政策可以减少应收账款的机会成本和坏账损失，但会增加收账费用；消极的收账政策虽然可以减少收账费用，但却会增加应收账款的机会成本和坏账损失。在制定收账政策时，企业应在减少收账费用与应收账款的坏账损失及机会成本之间进行权衡。若前者小于后者，则说明制定的收账政策是可取的。

企业在处理客户的欠款时应采用适当的催收方式，做到有理、有利、有节。对超过信用期限较短的客户宜采用电话、写信等方式催款；对久拖不还的欠款，企业应具体调查分析客户欠款不还的原因。若客户确因财务困难而无力支付欠款，企业则应与客户相互协商沟通，寻求解决问题的理想办法，甚至可以给客户提供适当的帮助；若客户欠款属于品质恶劣，企业则应逐渐加强催收力度，直至诉诸法律，并将该客户从信用名单中排除。一般而言，企业应尽量避免对客户采取强硬措施，要珍惜与客户之间的友情，树立企业的良好形象，这样有助于企业争取更多的回头客。但如果双方无法协调解决，也就只能诉诸法律进行裁判。

### （三）应收账款的日常管理

应收账款是企业流动资产的重要组成部分，企业必须加强对应收账款的日常管理，采取有力措施对应收账款的运行状况进行经常性分析、控制，及时发现问题，提前采取行动，尽可能减少坏账损失。

1.对应收账款进行追踪分析

应收账款一旦形成，企业就必须考虑如何按期足额收回的问题。这样，赊销企业就有必要在收款之前，对该项应收账款的运行过程进行追踪分析，其重点要放在赊销商品的变现方面。企业应对赊购者今后的经营情况、偿付能力进行追踪分析，及时了解客户现金的持有量与调剂程度能否满足兑现的需要，并将那些挂账金额大、时间长、经营状况差的客户欠款作为考察的重点内容，以防患于未然。必要时，企业还可采取一些措施，如要求这些客户提供担保等，来保证应收账款的回收。

2.对应收账款的账龄进行分析

应收账款的账龄是指未收回的应收账款从产生到目前的整个时间。一般而言，客户逾期拖欠账款的时间越长，账款催收的难度就越大，成为呆账或坏账损失的可能性也就越高。企业必须做好应收账款的账龄分析，密切注意应收账款的回收进度和出现的变化。应收账款的账龄分析就是考察应收账款的账龄结构。账龄结构是指各账龄应收账款的余额占应收账款总计余额的比重。

通过对应收账款的账龄分析，企业财务管理部门可以掌握以下信息：第一，有多少客户在折扣期限内付款；第二，有多少客户在信用期限内付款；第三，有多少客户在信用期限过后才付款；第四，有多少应收账款拖欠太久，可能会成为坏账。如果账龄分析显示，企业应收账款的账龄开始延长或者过期账户所占比例逐渐增加，就必须及时采取措施，调整企业的信用政策，努力提高应收账款的收现效率。对尚未到期的应收账款，企业也不能放松监督，以防发生新的拖欠。

3. 建立应收账款坏账准备金制度

不管企业采用怎样严格的信用政策，只要存在商业信用行为，坏账损失的发生就是不可避免的。因此，企业应遵循稳健性原则，对坏账损失的可能性预先进行估计，积极建立弥补坏账损失的坏账准备金制度，用于补偿无法收回的坏账损失，以促进企业的健康发展。

# 第四节　财务利润分配管理模式

## 一、财务利润分配原则与程序

财务管理中的利润分配，主要是指企业的净利润分配。利润分配的实质就是确定给投资者分红与企业留用利润的比例。企业年度决算后实现的利润总额，要在国家、企业的所有者和企业之间进行分配。利润分配关系着国家、企业、职工及所有者各方面的利益，是一项政策性较强的工作，必须严格按照国家的法规和制度执行。利润分配的结果形成了国家的所得税收入、投资者的投资报酬和企业的留用利润等不同的项目。其中，企业的留用利润是指盈余公积金、公益金和未分配利润。由于税法具有强制性和严肃性，缴纳税款是企业必须履行的义务。

### （一）利润分配原则

第一，依法分配原则。为规范企业的利润分配行为，国家制定和颁布了若干法规，这些法规规定了企业利润分配的基本要求、一般程序和重大比例。企业的利润分配必须依法进行，这是正确处理企业各项财务关系的关键。

第二，分配与积累并重原则。企业的利润分配是要正确处理长期利益和近期利益这两者之间的关系，坚持分配与积累并重原则。企业除按规定提取法定盈余公积金以外，可适当留存一部分利润作为积累，这部分未分配利润仍归企业所有者所有。这部分积累的净利润不仅可为企业扩大生产筹措资金，增强企业发展能力和抵抗风险的能力，同时，还可供未来年度进行分配，起到以丰补歉、平抑利润分配数额波动、稳定投资报酬率的作用。

第三，兼顾职工利益原则。企业的净利润归投资者所有，是企业的基本制度。但企业职工不一定是企业的投资者，净利润就不一定归他们所有，而企业的利润是由全体职工的劳动创造的，他们除了获得工资和奖金等劳动报酬外，还应以适当的方式参与净利润的分配，如在净利润中提取公益金，用于企业职工的集体福利设施支出。公益金是所有者权益的一部分，职工对这些福利设施具有使用权并负有保管之责，但没有所有权。

第四，投资与收益对等原则。企业利润分配应当体现"谁投资谁收益"、收益大小与投资比例相适应，即投资与收益对等原则，这是正确处理企业与投资者利益关系的立足点。投资者因投资行为，以出资额依法享有利润分配权，就要求企业在向投资者分配利润时，要遵守公开、公平、公正的"三公"原则，一视同仁地对待所有投资者，任何人不得以在企业中的其他特殊地位牟取私利，这样才能从根本上保护投资者的利益。

## （二）利润分配程序

利润分配程序是指公司制企业根据适用法律、法规或规定，对企业一定期间内实现的净利润进行分派必须经过的先后步骤。非股份制企业当年实现的利润总额应按国家有关税法的规定作相应的调整，然后依法交纳所得税。交纳所得税后的净利润按以下几方面顺序进行分配：

第一，弥补以前年度的亏损。企业的年度亏损，可由下一年度的税前利润弥补，下一年度税前利润尚不足以弥补的，可由以后年度的税前利润继续弥补，但用税前利润弥补以前年度亏损的连续期限不超过5年。5年内弥补不足的，用本年税后利润弥补。本年净利润＋年初未分配利润为企业可供分配的利润，只有可供分配的利润大于零时，企业才能进行后续分配。

第二，提取法定盈余公积金。可供分配的利润大于零是计提法定盈余公积金的必要条件。法定盈余公积金以净利润扣除以前年度亏损为基数，按10%提取，即企业年初未分配利润为借方余额时，法定盈余公积金计提基数为：本年净利润减年初未分配利润（借方）余额。若企业年初未分配利润为贷方余额，法定盈余公积金计提基数为本年净利润，年初未分配利润贷方余额在计算可供投资者分配的净利润时计入。当企业法定盈余公积金达到注册资本的50%时，可不再提取。法定盈余公积金主要用于弥补企业亏损和按规定转增资本金，但转增资本金后的法定盈余公积金一般不低于注册资本的 25%。

第三，提取法定公益金。法定公益金是以法定盈余公积金相同基数的 5%~10% 计提的职工公共利益资金。它主要用于企业职工的福利设施支出。

第四，向投资者分配利润。企业本年净利润扣除弥补以前年度亏损、提取法定盈余公积金和公益金后的余额，加上年初未分配利润贷方余额，即为企业本年可供投资者分配的利润，按照分配与积累并重原则，确定应向投资者分配的利润数额。

分配给投资者的利润是投资者从企业获得的投资回报。向投资者分配利润应遵循纳税在先、企业积累在先、无盈余不分利的原则，其分配顺序在利润分配的最后阶段。这体现了投资者对企业的权利、义务以及投资者所承担的风险。

从上述利润分配程序来看，股利来源于企业的税后利润，但净利润不能全部用于发放股利，股份制企业必须按照有关法规和公司章程规定的顺序、比例，在提取了法定盈余公积金、公益金后，才能向优先股股东支付股息，在提取了任意盈余公积金之后，才能向普通股股东发放股利。如股份公司当年无利润或出现亏损，原则上不得分配股利，但为维护公司股票的信誉，经股东大会特别决议，可按股票面值较低比率用盈余公积金支付股利，支付股利后留存的法定盈余公积金一般不得低于注册资本的 25%。

## 二、股利分配政策及影响因素

股利分配政策是指企业管理层对与股利有关的事项所采取的方针策略。股利分配在公司制企业经营理财决策中，始终占有重要地位。这是因为股利的发放，既关系到公司股东的经济利益，又关系到公司的未来发展。通常较高的股利，一方面可使股东获取可观的投资收益；另一方面还会引起公司股票市价上涨，从而使股东除股利收入外还获得了资本利得。但是，过高的股利必将使公司留存收益大量减少，或者影响公司未来发展，或者大量举债，增加公司资本成本负担，最终影响公司未来收益，进而降低股东权益；而较低的股利，虽然使公司有较多的发展资金，但与公司股东的愿望相背离，股票市价可能下降，公司形象将受到损害。因此，对公司管理当局而言，如何均衡股利发放与企业的未来发展，并使公司股票价格稳中有升，便成为企业经营管理层追求的目标。

### （一）股利分配政策的类型

股利分配政策的核心问题是确定支付股利与留用利润的比例，即股利支付率问题。目前，企业财务管理中常用的股利政策主要有以下几方面类型：

### 1. 固定或稳定增长的股利政策

固定股利政策表现为每股股利支付额固定。其基本特征是：无论经济情况如何，也无论企业经营好坏，不降低股利的发放额，将企业每年的每股股利支付额稳定在某一特定水平上保持不变，只有企业管理当局认为企业的盈利确已增加，而且未来的盈利足以支付更多的股利时，企业才会提高每股股利支付额。

稳定的股利政策的实行比较广泛，如果企业的盈利下降，而股利并未减少，那么，投资者会认为企业未来的经济状况有好转。一般的投资者都比较喜欢投资有稳定的股利支付政策的企业。而稳定的股利政策则有助于消除投资者心中的不确定感，对于那些期望每期有固定数额收入的投资者，则更喜欢比较稳定的股利政策。因此，许多企业都在努力维持其股利的稳定性。固定股利政策的缺点主要在于，股利的支付与盈利相脱节，当盈利较低时仍要支付固定股利，这可能会出现资金短缺、财务状况恶化的情况，影响企业的长远发展。这种股利政策适用于盈利稳定或处于成长期的企业。

### 2. 固定股利支付率政策

固定股利支付率政策是将每年盈利的某一固定百分比作为股利分配给股东。实行这一政策的企业认为，只有维持固定股利支付率，才能使股利与公司盈利紧密结合，体现多盈多分、少盈少分、不盈不分的原则，这样才算真正做到公平地对待每一股东。固定股利支付率政策的问题在于，如果企业的盈利各年间波动不定，则其股利也随之波动。由于股利随盈利而波动会影响股东对企业未来经营的信心，不利于企业股票市场价格的稳定与上涨。因此，大多数企业并不采用这一股利政策。

### 3. 剩余股利政策

剩余股利政策强调企业未来有良好的投资机会时，根据企业设定的最佳资本结构，确定未来投资所需的权益资金，先最大限度地使用留用利润来满足投资方案所需的权益资本，然后将剩余部分作为股利发放给股东。剩余股利政策成立的基础是：大多数投资者认为，如果企业再投资的收益率高于投资者在同样风险下其他投资的收益率，他们宁愿把利润保留下来用于企业再投资，而不是用于支付股利。例如，企业有投资收益率达12%的再投资机会，而股东取得股息后再投资的收益率只有10%时，则股东们愿意选择将利润保留于企业。股东取得股息再投资后10%的收益率，就是企业利润留存的成本。如果投资者能够找到其他投资机会，使得投资收益大于企业利用保留利润再投资的收益，则投资者更喜欢发放现金股利。这意味着投资者对于留存盈利或发放股利毫无偏好，关键是企业投资项目的净现值必须大于零。

剩余股利政策的优点是：可最大限度地满足企业对再投资的权益资金需要，保持理想的资本结构有助于降低再投资的资金成本，并能使综合资本成本最低。其缺点是：忽略了不同股东对资本利得与股利的偏好，损害了那些偏好现金股利的股东利益，从而有可能影响股东对企业的信心。此外，企业采用剩余股利政策是以投资的未来收益为前提的，由于企业管理层与股东之间存在信息不对称，股东不一定了解企业投资的未来收益水平，因而也会影响股东对企业的信心。

4. 低正常股利加额外股利政策

低正常股利加额外股利政策是介于固定股利与固定股利支付率之间的一种股利政策，其特征是：企业一般每年都支付较低的固定股利，当盈利增长较多时，再根据实际情况加付额外股利。即当企业盈余较低或现金投资较多时，可维护较低的固定股利；而当企业盈利有较大幅度增加时，则加付额外股利。低正常股利加额外股利政策既能保证股利的稳定性，使依靠股利度日的股东有比较稳定的收入，从而吸引住这部分股东，又能做到股利和盈利较好地配合，使企业具有较大的灵活性。这种股利政策适用于盈利与现金流量波动不够稳定的企业，因而也被大多数企业所采用。

## （二）股利分配的影响因素

理论上，股利是否影响企业价值存在相当大的分歧。但在现实经济生活中，企业仍然是要进行股利分配的。当然，企业分配股利并不是无所限制，总是要受到一些因素的影响，一般而言，企业股利政策的影响因素主要有以下几方面：

1. 法律影响因素

为了保护债权人、投资者和国家的利益，有关法规对企业的股利分配有以下限制：

（1）资本保全限制。资本保全限制要求企业不能用资本发放股利。例如，我国法律规定：各种资本公积准备不能转增股本，已实现的资本公积只能转增股本，不能分派现金股利；盈余公积主要用于弥补亏损和转增股本，一般情况下不得用于向投资者分配利润或现金股利。

（2）资本积累限制。企业资本积累限制要求企业必须按税后利润的一定比例和基数提取法定公积金和法定公益金。企业当年出现亏损时，一般不得给投资者分配利润。

（3）偿债能力限制。偿债能力限制是企业按时足额偿付各种到期债务的能力。如果企业已经无力偿付到期债务或因支付股利将使其失去偿还能力，则企业不能支付现金股利。

2. 企业影响因素

企业资金的灵活周转是企业生产经营得以正常进行的必要条件。因此，企业长期发展和短期经营活动对现金的需求，便成为对股利最重要的限制因素，其相关因素有以下几方面：

（1）资产的流动性。企业现金股利的分配应以一定资产流动性为前提。如果企业的资产流动性越好，说明其变现能力越强，股利支付能力也就越强。高速成长的营利性企业，其资产可能缺乏流动性，因为它们将大部分资金投资在固定资产和永久性流动资产上了。这类企业当期利润虽然多，但资产变现能力差，企业的股利支付能力就会削弱。

（2）投资机会。有着良好投资机会的企业需要有强大的资金支持，因而往往少发现金股利，将大部分盈余留存下来进行再投资；缺乏良好投资机会的企业，保留大量盈余的结果必然是大量资金闲置，于是倾向于支付较高的现金股利。因此，处于成长中的企业因一般具有较多的良好投资机会而多采取低股利政策；许多处于经营收缩期的企业，则因缺少良好的投资机会而多采取高股利政策。

（3）筹资能力。如果企业规模大、经营好、利润丰厚，其筹资能力一般很强，那么在决定股利支付数额时，有较大的选择余地。但对那些规模小、新创办、风险大的企业，其筹资能力有限，这类企业应尽量减少现金股利进行支付，而将利润更多地留存在企业，作为内部筹资。

（4）盈利的稳定性。企业的现金股利来源于税后利润。盈利相对稳定的企业，有可能支付较高股利；盈利不稳定的企业，一般采用低股利政策。这是因为对于盈利不稳定的企业，低股利政策可减少因盈利下降而造成的股利无法支付、企业形象受损、股价急剧下降的风险，还可将更多的盈利用于再投资，以提高企业的权益资本比重，减少财务风险。

（5）资本成本。留用利润是企业内部筹资的一种重要方式。同发行新股或举借债务相比，它不但筹资成本较低，而且具有很强的隐蔽性。企业如果一方面大量发放股利，另一方面又以支付高额资本成本为代价筹集其他资本，那么，这种舍近求远的做法无论如何是不恰当的，甚至有损于股东利益。因此，从资本成本考虑，如果企业扩大规模而需要增加权益资本时，不妨采取低股利政策。

3. 股东意愿因素

股东在避税、规避风险、稳定收入和股权稀释等方面的意愿，也会对企业的股利政策产生影响。企业的股利政策不可能使每个股东财富都实现最大化，企业制定股利政策的目的在于，对绝大多数股东的财富产生有利影响。

（1）避税考虑。企业的股利政策还受到所得税税率的影响。在我国，由于现金股利收入的税率是20%，而股票交易尚未征收资本利得税。因此，低股利支付政策可给股东带来更多的资本利得收入，达到避税目的。

（2）规避风险。在一部分投资者看来，股利的风险小于资本利得的风险，当期股利的支付解除了投资者心中的不确定性，因此，他们往往会要求企业支付较多的股利，从而减少股东投资风险。

（3）稳定收入。如果一个企业拥有很大比例的富有股东，这些股东多半不会依赖企业发放的现金股利维持生活，它们对定期支付现金股利的要求不会显得十分迫切。反之，如果一个企业绝大部分股东属于低收入阶层以及养老基金等机构投资者，他们需要企业发放的现金股利来维持生活或用于发放养老金等，因此，这部分股东特别关注现金股利，尤其是稳定的现金股利发放。

（4）股权稀释。企业必须认识到高股利支付率会导致现有股东股权和盈利的稀释，如果企业支付大量现金股利，然后发行新的普通股以融通所需资金，现有股东的控制权就有可能被稀释。另外，随着新普通股的发行，流通在外的普通股股数增加，最终将导致普通股的每股盈利和每股市价的下降，对现有股东产生不利影响。

4. 其他影响因素

影响股利政策的其他因素主要包括：不属于法规规范的债务合同约束、政府对机构投资者的投资限制，以及因通货膨胀带来的企业对重置实物资产的特殊考虑等。

（1）债务合同约束。企业的债务合同特别是长期债务合同，往往有限制企业现金股利支付的条款，这使得企业只能采用低股利政策。

（2）机构投资者的投资限制。机构投资者包括养老基金、储蓄银行、信托基金、保险企业及其他一些机构。机构投资者对投资股票种类的选择，往往与股利特别是稳定股利的支付有关。如果某种股票连续几年不支付股利或所支付的股利金额起伏较大，则该股票一般不能成为机构投资者的投资对象。因此，如果某一企业想更多地吸引机构投资者，则应采用较高而且稳定的股利政策。

（3）通货膨胀的影响。在通货膨胀的情况下，企业货币性资产的购买力会下降，会导致没有足够的资金来源重置固定资产。这时，较多的留存利润就会当成弥补固定资产折旧基础的购买力水平下降的资金来源。因此，在通货膨胀时期，企业股利政策往往偏紧。

## 三、股利支付形式与程序管理

### （一）股利支付形式类型

企业通常以多种形式发放股利，股利支付形式一般有现金股利、股票股利、财产股利及负债股利。其中，最为常见的是现金股利和股票股利。在现实生活中，我国上市公司的股利分配广泛采用一部分股票股利和一部分现金股利的做法，其效果是股票股利和现金股利的综合。

1. 现金股利支付形式

现金股利是指企业以发放现金的方式向股东支付股利，也称红利。现金股利是企业最常见的、最易被投资者接受的股利支付方式。企业支付现金股利，除了要有累计的未分配利润外，还要有足够的现金。因此，企业在支付现金前，必须做好财务上的安排，以便有充足的现金支付股利。因为，企业一旦向股东宣告发放股利，就对股东承担了支付的责任，必须如期履约。

2.股票股利支付形式

股票股利是指应分给股东的股利以额外增发股票的形式发放。以股票作为股利，一般都是按在册股东持有股份的一定比例来发放，对于不满一股的股利仍采用现金发放。股票股利最大的优点就是节约现金支出，因而常被现金短缺的企业所采用。

发放股票股利时，在企业账面上只需减少未分配利润项目金额的同时，增加股本和资本公积等项目金额，并通过中央清算登记系统增加股东持股数量。显然，发放股票股利是一种增资行为，需经股东大会同意，并按法定程序办理增资手续。但发放股票股利与其他的增资行为不同的是，它不增加股东财富，企业的财产价值和股东的股权结构也不会改变，改变的只是股东权益内部各项目的金额。

我国股票股利价格是以股票面值计算的。发放股票股利后，如果盈利总额不变，会由于普通股股数增加而引起每股盈余和每股市价的下降，但股东所持股票的市场价值总额仍保持不变。尽管股票股利不直接增加股东的财富，也不增加企业的价值，但对股东和企业都有好处。

对股东的意义在于：①如果企业在发放股票股利后同时发放现金股利，股东会因为持股数的增加而得到更多的现金。②有时企业发行股票股利后，股价并不成同比例下降，这样便增加了股东的财富。因为股票股利通常为成长中的企业所采用，投资者可能会认为，企业的盈余将会有大幅度增长，并能抵消增发股票所带来的消极影响，从而使股价稳定不变或略有上升。③在股东需要现金时，可将分得的股票股利出售，从中获得纳税上的好处。

对企业的意义在于：①能达到节约现金的目的。企业采用股票股利或股票股利与现金股利相互配合的政策，既能使股东满意，又能使企业留存一定现金，便于进行再投资，有利于企业长期发展。②在盈余和现金股利不变的情况下，发放股票股利可降低每股价值，从而吸引更多的投资者。

### （二）股利支付程序管理

企业通常在年度末计算出当期盈利之后，才决定向股东发放股利。但是，在资本市场中，股票可以自由交换，公司的股东也经常变换。那么，哪些人应该领取股利呢？对此，公司必须事先确定与股利支付相关的时间界限。下面主要探讨股利宣告日、股权登记日、除息日。

第一，股利宣告日。股利一般是每年度或每半年进行分配。一般而言，分配股利首先要由公司董事会向公众发布分红预案，在发布分红预案的同时或之后，公司董事会将公告召开公司股东大会的日期。股利宣告日是指董事会将股东大会决议通过的分红方案（或发放股利情况）予以公告的日期。在公告中，将宣布每股股利、股权登记日、除息日和股利支付日等事项。

第二，股权登记日。股权登记日是指有权领取股利的股东资格登记截止日期。只有在股权登记日前在公司股东名册上有名的股东，才有权分享当期股利。在股权登记日以后列人名单的股东无权领取股利。

第三，除息日。除息日是指领取股利的权利与股票相互分离的日期。在除息日前，股利权从属于股票，持有股票者即享有领取股利的权利；从除息日开始，股利权于股票相分离，新购人股票的人不能享有股利。除息日的确定是证券市场交割方式决定的，因为，股票买卖的交接、过户需要一定的时间。在美国，当股票交割方式采用例行日交割时，股票在成交后的第五个营业日才办理交割，即在股票登记日的 4 个营业日以前购入股票的新股东，才有资格领取股利。在我国，由于采用次日交割方式，则除息日与登记日差一个工作日。

# 第五章 信息化背景下财务管理模式创新

## 第一节 大数据时代财务管理模式创新

"大数据在各个领域得到了应用，并且伴随信息化的发展有了功能性的提升，以数据分析为策略保证了管理工作的开展效果。财务管理是企业经营和发展的核心，如果财务管理出现问题，则直接影响经营的状态，制约长期的发展。"大数据是计算机技术与互联网技术的结合，可以改变传统的工作思想与方式，从实际的数据信息中找到有规律和有用的信息，同时，在数据分析后进行决策，保证了工作的准确性。

大数据让数据资源得以整合和运用，便于生产工作中的整体分析，利于互联网市场的分析。同时，信息化的发展让工作和生活形成了信息流，各种信息以数据的形式存在，大数据能够有效应用这些信息，有针对性地整合、分析，极大增加了管理工作的效果，有助于提高管理效率。

传统财务管理是以处理企业经营问题为重点，对经营情况做财务管理，以此达成资金的使用控制。在管理工作中监管是核心，针对企业的收益、税务、支出等做管控，有明确的制度内容。传统财务管理不符合当前的市场经济情况，工作形式有一定的延后性，其缺点主要体现在管理理念落后、信息传递慢、管理效率低、管理人员工作不够积极等方面。

传统财务管理理念落后主要是因为现在的企业随着科学技术的进步处于高速发展阶段，但传统管理理念只有被动地控制，没有对企业的财务情况做出分析，信息统计呈现单一化、简单化，这不利于企业在发展中的决策，甚至还会阻碍变革与整体工作结构的转变。

传统财务管理信息传递慢的缺点是由于在管理中出现执行部门与财务管理不能相互配合，无法达成财务约束，使财务管理的内部控制出现成效较低等现象。同时，财务管理中的信息传递慢会造成信息孤岛，财务不能针对各部门之间的财务情况做管控与分析，财务管理逐渐形式化。

传统管理效率低的缺点是工作方式造成的。财务管理开具业务凭证、整理财务报表、进行企业财务情况分析，这些工作如果只用人力完成，效率极低，并且工作中容易出现人为因素的干扰。

传统财务管理管理人员工作不积极的缺点是制度不灵活造成的。财务管理需要基层人员开展工作，但是企业中的财务层级严格，管理人员没有工作热情，只关注工作制度和任务，无法在变革中主动创新，不利于企业财务管理工作的发展。

## 一、大数据时代财务管理模式创新的意义

创新企业财务管理模式能够让企业在大数据的加持下有更好的发展，对财务信息做出精准地分析，提高了企业财务管理的效益。企业在大数据背景下会产生大量的财务信息，而财务管理从单一的内部控制转为内外结合，需要全面分析企业的财务状况，找到适合企业经营发展的管理方法，提升自身竞争力。大数据的运用可以让财务管理具备深挖财务信息的能力，帮助企业的领导做出科学合理的决策，减少经营管理的失误，让企业能够在良好的运行下得到持续发展。创新财务管理模式可以全面提高管理工作的效率，增加财务管理的功能，降低财务管理的成本。创新的方向以大数据技术的应用为主，财务管理可以实时管控企业的财务状态，应用互联网、信息技术加快管理中的沟通与信息传递，并且在财务管理中可以对经营情况做数据分析，高效解决客户问题，提升服务质量；也可以整合企业内部财务信息，开展预算控制，促进企业财务管理结构的改革与发展，使企业财务管理模式符合市场情况。

创新财务管理模式能够创新制作方法，将企业财务的情况用数学模型做展示，使各种财务信息更清晰，通过提供精准的财务信息，为企业的管理决策提供了方向和方法。大数据的应用使财务管理与企业管理有机结合，加强了对各部门财务情况的控制，从而可以提高企业的竞争力。

## 二、大数据时代财务管理模式创新的策略

### （一）创新财务管理模式思维

大数据让企业财务管理的目标和方法都有了改变，所以在优化对策中要创新管理思维，让财务管理能够全面改革，提高财务管理的功能与效益。思维上的创新需要企业大力发展大数据技术，不仅在企业内部实现信息化，外部也需要与材料供应商、销售代理商等上下游企业建立数据对接，提升工作洽谈的效率，缩减经营的成本，使企业的支出与收入能够变成信息数据流。同时，企业要重视财务的数据内容，基于企业发展更新财务管理体制，提高财务管理的综合水平。

### （二）加强财务数据安全管理

在运用大数据的财务管理工作中要加强数据安全管理，保证财务信息安全，使企业能够稳定发展。大数据的优化建立在信息化条件下，而信息化中存在网络安全的问题，财务信息的泄露会直接影响金融安全。因此，优化管理模式要做好技术应用、理念创新，更要加强安全管理，保证财务信息安全，提高企业的风控能力，保证企业经营的经济效益。在安全管理中要明确财务工作制度，建立内部信息防控网，设置财务信息安全等级，全面保护财务信息安全。

### （三）培养财务管理优秀人才

人才是发展的基础，在优化财务管理模式中要结合人力资源管理同步开展，保证大数据技术的应用，提升管理的水平。首先企业要选择前沿大数据技术，对财务人员进行技术培训，保证所有人员熟练使用大数据技术，能够明确工作职责和制度；其次要招聘优秀的大数据人才，维护企业网络安全，对软件做更新，确保大数据财务管理工作的实效性开展。

### （四）构建大数据资金管理方法

基于大数据背景，财务管理方法需要进行集中化控制，也就是统一调度企业的资金，开展预算管理的动态控制，提高财务管理的功能。在集中化管理方法中，财务会计需要对业务流程和资金流做全面控制，预防和减少经营风险，执行远程控制，建立财务管理各项的统一整合，发挥大数据技术的优势，提升资金管理的效率。

### （五）搭建大数据财务共享中心

在优化对策中要让财务管理形成具体的管理模式，工作中要搭建大数据财务共享中心，保证企业财务管理的转型，推进集中化资金管理的发展。财务共享中心是以内部信息共享沟通为目标，用大数据分析财务情况，建立各部门之间的财务沟通，可以使财务管理部门高效了解和传递信息，避免信息数据孤岛的情况，提升财务管理的价值。

### （六）运用大数据优化财务技术

在大数据财务管理模式中，需要发展新型技术，优化财务管理技术，提高管理工作的质量。其中区块链技术是主要发展方向。区块链财务管理有较高的安全性，在管理中直接进行预估和分析，实现了财务管理的自动化。在应用中需要鼓励工作人员加强相关业务学习，以此保证区块链技术与财务管理的融合。

总而言之，企业创新大数据财务管理模式已经成为市场经济下的必要工作，能够提高财务管理的功能效益，也能降低管理工作的成本。大数据下的企业财务管理模式要发展，其中的困难需要在管理工作中解决，以此保证企业财务工作的全面发展。

# 第二节　区块链技术与财务管理模式创新

"区块链作为一种分布式的共享技术，具备多数据存储和信息重构等优势，可以有效提高财务信息数据的处理能力"[①]，区块链技术作为信息技术领域较为崭新的成果，能够通过自身分布式的网络节点，进行数据信息的有效存储，完成多功能验证和传输的机制演变。区块链技术主要是能够将基础设施完成转化，对传统的业务模式进行升级换代，更加透明化地保护信息数据，对整个经济社会的发展会产生较大影响。

对于大型企业而言，在其内部建立一个统一的财务管理形式，能够扩大其财务管理职能，有效地进行可视化和可追踪的财务数据处理，解决业务流程分工困难和人员配比问题。区块链技术可以将财务数据信息不断地储存到区块中，能够在节约人力、物力成本的同时进行实时审查监督，提高财务管理强度，减少时间成本，能够在一定程度上缩减企业网络服务成本，有效增加财务管理的工作效率。基于区块链技术创新企业财务管理模式，可以从以下方面着手：

## 一、用区块链技术简化监督财务管理流程

针对企业财务的内部控制范围，在每项经济业务进行交易时，需要保证每笔财务记录的交易链完整，并能够在完成交易后保存原始凭证，直接能够以电子形式进行录入和保存。区块链技术自带区域监督功能，能够随时保证企业财务的完整性，具有高标准的可靠性与安全管理性能。根据数据链中对企业财务业务数据记录，以及原始财务凭证的有关记载，直接对整个交易过程完成整体复原，然后通过分布式数据统计业务，以对比审核模式完成高效的财务管理全过程。

在区块链技术的应用下，对需要创建区块链的主要基础设施进行重组，以满足企业用户的不同需求，通过企业和客户的双向联系建立协议框架，只要区块链收集到的财务信息没有空缺，就可以将所有节点规划为一致统一的状态，主动进行企业财务经营状况的自动财务管理。在互联网高速发展时代，企业的网络财务管理成本逐渐增加提高，若是能够将区块链技术完好应用，可以将处于分散状态的区块数据信息，不再以集中处理的方式进行整合。该技术对网络的要求没有很高，更是对网络服务器处理技术要求较低，能够在一定程度上缩减企业网络服务成本。区块链技术可以将财务数据信息不断地储存到区块中，通过内部监管和外部审查人员的双向合作，仅仅调出所

---

[①]　刘兴民. 基于区块链技术的企北财务管理模式创新研究 [J]. 财会学习，2022（16）：25-27.

需数据并做出分析即可，不再需要实地进行抽查大量原始凭证，完成核验以及搜集的过程，能够在节约人力、物力成本的同时进行实时审查监督，提高财务管理强度，减少时间成本，提高财务管理的工作效率。

## 二、用区块链技术建立信息流转通道

企业财务管理的结构和模式能够体现整个公司的资本运行状态，侧面反映出企业内财产资金配比状态，包括产权和债权的比例问题。在其企业所有者与债权人权益比例关系中，通过最新的数据库技术、物流技术、计算机架构技术和网络通信技术等新技术的应用，建立一个合理的资本信息流转通道，可以在一定程度上对财务信息进行及时沟通，保证财务信息的对等。

第一，区块链技术可以针对每一个资金信息进行相应的内部管理，在两个相邻的区块之间，对财务资金的流动次数和时间进行进出记录标定，包括现金和电子财务的双重把控，对需要立即生效的财务信息完成时间覆盖，保证财务管理人员可以随时提取财务资金的流动信息数据。

第二，在财务信息发生不平稳变化时，区块链技术能够产生内控机制，对内部财务信息做出审核反映，一旦财务资金流急剧增加，该通道能够自动调动相应区块，做出信息收纳并向财务管理人员发出提醒。企业在财务管理中降低融资成本，必须合理利用财务杠杆促使财务的收益最大化，根据自身财务管理内部控制效果，间接或直接地影响企业现有资本结构。人工智能是基于区块链技术的应用和创新，企业财务管理数据生成由计算机智能实现，可以自动执行数据输入、比较、审阅、度量和报告，完成相关的财务辅助决策支持。在完成信息通路建设后，能够直接对部分的财务资金做出使用的决策请求，相反在资金流急速减少时，通路内部的控制模块能够产生预警信息提示，将相关的财务信息进行统计和收集，便于财务管理人员对其做出分析并提出决策内容。

第三，利用区块链技术构建信息通路，能够直接对财务结构中的资产信息状态做出跟踪记录，在监控部分资金流动以及有效资金合理应用的情况下，企业能够对自有资金的状况做出合理的布局把控，对其做出正确的财务管理决策有帮助，减少财务分配的盲目性和随意性。

## 三、用区块链技术多元选择结算方式

企业财务资本结构在单一的管理模式下，长此以往会出现一定缺陷，多表现在融资方面，即企业的流动负债占比会明显高于长期负债占比。由于企业的财务项目中大多数为长期项目，导致流动资金的数目难以满足不同项目从启动到完工的全部投入，所以需要对长期的财务固定投入资金进行多种结算方式的选择。原有的单一结算只会配备少数工作人员，在面临大量临时借款时，会产生较大的供给矛盾，使持续性的机会成本流失，不能为企业的再投资带来利益收入。

在区块链技术的应用环境下，能够采用智能的合同签约形式，将企业信息放置在数据库中，寻找能够长期投资和投产的对象，在网络区域块中先交换双方的企业信息。改变了传统财务交易中的智慧合约及条款纠纷，实现智能化的操作，降低了纸质合约及双方见面的成本。通过各自的网络平台审核后，首先进行网络线上谈判，规定好双方企业财务交易需遵循的规则，确立投资和财产融资模式，再对业务价格和期限进行商讨和确定。

当企业双方均能够在此次交易中获益时，利用智能网络合同签订形式，将涉及的财务条款和有关规定嵌入管理执行系统中，完成全部的智能财务管理内容。其主要优势表现为：一旦双方企业或我方企业中出现差错，代表双方的和谈约定立即停止，规则会直接发送至管理人员的邮箱，提醒其正确交易。企业的财务投资逐渐减少座谈次数，一切业务需求也依靠区块链技术构建的网络平台进行整合，能够将所有信息数据进行证据分析，解决了财务结算制度单一与人力的长期矛盾。

在区块链平台上，企业交易活动可实现资金直接收付功能，降低企业的交易成本，不受金融机构时间和地点的局限，可在多种移动设备上实现交易，保证资金收付的安全性，提高了经济活动的效率。企业通过改善长期的单一比例不协调的结算模式，对人力成本和物力成本进行优化控制，使企业在财务支出和收入方面拓展了多种渠道。区块链技术的有效应用，可以为企业财务结算打开多元化的新渠道，创新其财务管理模式，有助于企业合理确定财务管理方式，及时优化其资本结构。

## 第三节　新会计制度下财务管理模式的发展

"随着时代的发展，会计制度在不断革新，新会计制度已成为如今企业发展中的重要一环。"[①] 新的会计制度不仅能大幅度提升企业会计财务管理水平，并且可以改善企业效益，同时对我国经济收入产生了较大的影响。对于财务管理模式的探讨，不仅应当从经济理论的角度出发，还要深度探讨新会计制度下的财务管理模式。

新会计制度的诞生及运用对财务管理模式产生了深远的影响，其中改革与创新并存，财务管理模式也因此发生了巨大的转变。首先，在新会计制度下，企业的财务信息变得更加透明，员工们能够更加顺利地参与企业的财务管理，不仅便于对企业资金

① 杨士伟.财务管理模式在新会计制度下的发展[J].财会学习，2017（5）：82.

实行监督政策，同时提高了企业的经济效益。其次，新会计制度在企业中的普及也加深了企业决策者对财务管理的认知，使其重视财务管理，更准确地定位其作用，进而降低了企业的投资风险，让企业处于一个更加稳定且开阔的发展空间里。最后，新会计制度作为基于我国国情而诞生的时代的产物，不仅为企业提供了科学发展的可能，也对企业提出了更高的要求，企业以此而发展其核心竞争力，让企业能够顺应时代的变化，提升自身财务管理水平，在新时代生存下去。新会计制度下财务管理模式的发展需要注意以下几方面：

第一，完善企业现有财务管理部门。一方面为了当代社会经济的需求，企业应当完善现有的财务管理部门，国内许多企业都拥有着独立的财务部门，但是该部门的职能不够完善，企业需要分层管理财务，让财务管理渗透到各个部门中，而这样的模式则需要运用新会计制度，这样才能够保证管理足够严格。另一方面，企业进行财务管理应当注重其资金的流向，合理运用新会计制度，让资金在合理有效的范围内流通，发挥财务管理的作用。这样不仅能让企业的投资和生产趋于规范，也能够发挥企业优势，让企业效益稳步增长。

第二，完善企业财务信息管理系统的建设。随着财务管理的改革和创新，财务信息管理系统也应当不断完善，在新会计制度颁布之后，财务信息系统也得到进一步的发展。在企业中，财务信息系统能够方便会计账户和财务报表的运行，重视财务信息管理系统，才能让财务信息的准确性得到保障。例如，许多石油石化企业便从财务信息管理入手，进而保证其资金得到有效利用。这些企业，一方面，建立一个财务内部控制制度，实现内部管理相互联系，相互制约；另一方面，建立完整的会计核算流程，详细总结企业财务信息，让工作更加高效，也能合理地改善企业财务状况。

第三，提高财务管理人员业务素质。传统的财务管理经验和知识已无法满足新会计制度的需要，因此财务管理人员应当将自身管理手段和管理方式进行改革和创新，顺应新会计制度的工作理念，符合新会计制度的管理要求。而企业也应当对财务管理人员进行专业能力和素质的培养，总结企业实际情况，把握财务管理的问题所在，制定相应的培训课程对财务管理人员进行培训，让新会计制度在企业内部得到贯彻和落实，转变工作人员的思想，为企业的发展做出自身贡献。

第四，树立明确的财务管理目标。树立一个明确的财务管理目标是企业未来发展的重中之重，而这一目标应当合理且深远，以提高企业经济效益为核心理念，实现企业财务管理资源的共享为重要手段。规避投资风险，搞好财务控制与财务分析，让企业融资决策更具效益，企业财务管理目标应当从长远角度考虑，具有创新思维意识，合理利用新会计制度，让企业发展的道路得到规范，进而提高企业利润。

第五，发挥绩效预算的纽带作用。运用新会计制度进行财务管理时，应当运用目标管理的手段控制财务，同时不应当忽视绩效预算的纽带作用。绩效作为财务管理的纽带，应当重视其导向作用，不仅要体现企业的主体利益需求，同时要对结果进行负责的整合，让财务管理工作人员在一个合理的绩效目标下，根据其工作效益进行奖惩，这样才能够激励工作人员，同时让企业的利益最大化。然而，在制定合理的管理目标时也应当注意成本的控制，否则有可能不仅没能利用绩效带来的效益，也会影响企业的发展。

在新会计制度之下，财务管理模式得到了前所未有的发展，只有不断完善财务管理模式，才能够满足企业未来发展的需求。虽然财务管理模式改革在我国企业已有成效，但依旧存在着诸多问题需要解决。财务管理能力的提高，能够满足企业在竞争中的需求，只有完善财务管理制度才能够让企业发展更加平稳快速。

# 第六章　信息化背景下财务管理转型

财务管理作为社会经济发展的产物，具有社会性和技术性，而信息技术尤其是互联网技术大大缩短了信息收集、处理和发布的时间，使信息得以在一个较短的时间内，在无限广大的空间范围内进行收集、整理、加工和发布，从而大大提高了信息的相关度和实用性，也大大提高了信息的及时性和准确性。正是基于信息技术的这一特性，信息技术对财务管理转型将是必然的发展选择。

## 第一节　财务管理转型的必要性与经验

### 一、财务管理转型的必要性

财务管理转型，简称为财务转型，是指为提升企业竞争力而采取的财务变革，目的是使企业价值最大化。随着企业对财务工作提出决策支持、风险监控、创造价值等更多职能要求，财务职能从传统的核算型、管理型向战略型转变，成为更注重公司价值创造的管理合作型部门。

随着 21 世纪经济全球化的进程加速，企业及其经营环境都发生了极大的变化，在宏观层面，以"金砖四国"，为代表的新兴市场不断崛起，企业在全球的市场中拥有了更多更自由的竞争，随之而来在全球化的财务领域中，安然事件、中海油新加坡事件等导致人们对公司治理和财务会计管控的担忧。企业的所有者要求有更高的管理透明度和对违法行为的严厉问责，同时，也希望财务部门能持续提升公司的价值创造能力。因此，财务部门如何在更严格地遵守相关法规和进一步改善业绩的双重要求下完成角色使命，成为新时期财务工作必须面对的挑战。这种挑战使得财务转型成为必然要求。

### （一）财务管理环境的变化促使财务转型

在传统的企业管理中，财务战略主要从资金的筹集与运用等方面进行谋划，财务管理具有相对独立的内容，其主要从事企业业务流程的计量核算及信息反馈，但目前这种独立性不断降低。一方面，在现代市场经济条件下，财务管理需要处理资金的需求和统筹、企业对现金流状况的关注、现代企业制度的规定等内容，参与到企业核心管理中，使得财务管理已经不只是企业生产经营过程的附属职能。另一方面，财务管理与其他职能战略呈现日益密切的联系，如根据企业经营管理的需要筹集、投放资金；考虑企业的投融资需求制定股份分配政策等，因此很难将各类企业活动完全单独界定为财务类工作。面对日益复杂的财务管理环境，企业需要通过财务转型实现价值管理，开发企业生产、销售、采购等经营环节的价值增值潜力，优化各类作业流程，持续提升企业价值，实现财务部门从传统的簿记和控制，转型为更注重公司价值创造的管理合作型部门。

### （二）财务管理内容的变化促使财务转型

随着信息技术的发展，企业 ERP 系统得到了广泛的应用，传统的财务管理内容正发生着悄然的变化，表现在财务会计工作中，核算工作的比例不断下降，财务分析和统筹业务不断增加，可见在原有财务管理范畴的基础上，财务工作的外延扩展到了预算计划、价值管理等领域。传统的财务理论与现有的财务管理活动不相适应，必须向着一种全新的面向业务管理的财务模式转变，实现财务管理的角色定位和能力升级。

### （三）财务管理作用的更好发挥需要财务转型

从新时期企业发展对财务的需要来看，财务管理需要重点强化三个主要职能：资源配置、过程管控和信息提供，财务管理要在经济活动从源头到末梢的全过程中发挥作用。在经济活动的前端，财务管理要整合内部资源，以市场为导向，运用全面预算管理体系对资源进行科学合理配置，推动企业资产、收入和成本费用的结构性调整；在业务开展过程中，要利用财务分析、检查等手段，建立财务预警体系，为业务发展提供支撑；在经济活动的末梢，要通过高质量的财务信息、为决策提供支持，引领经营管理实现企业价值最大化。这一系列过程的动态发挥，要求财务管理在处理能力及组织结构上进行变革，从而达到预期的效果。

## 二、财务管理转型的经验

在财务信息化的基础上，通过业务整合、高效处理、管理服务到决策支持，国内外许多企业已经成功探索出一条适合自身的财务转型路径，其中的经验值得借鉴和思考。

### （一）财务信息化建设——中远集团案例

中远集团，全称是中国远洋运输集团，是一家以航运、物流为核心主业的全球性企业集团，在全球拥有近千家成员单位、8 万余名员工。随着中国加入 WTO 后企业业务的迅速扩张，中远集团原有的电算化核算型财务会计系统功能上的滞后性与制约性已变得越来越突出，面临巨大的转型压力。

在经过一系列准备之后，从 2001 年开始，中远集团实施了以 SAP 为中心软件的中远财务信息系统项目，该项目由总裁担任项目领导小组组长，总会计师担任项目工作小组组长，并组建以财务业务骨干和 IT 精英相结合的项目实施团队，项目分为三期实施，至 2008 年，集团旗下 400 多家公司已完成系统上线工作，同时在实施过程中还为各上线公司陆续开发了一系列配套的接口和应用系统，如与上下游企业的业务接口，全球现金管理系统；中远财务公司结算核算系统；审计系统；中远财务信息查询系统；SAP-OA 系统等，为集团各层面的科学决策提供了强大、关键的支持，财务工作绩效显著提高。

中远集团信息项目的成功实施，表明财务信息化项目在我国企业中拥有巨大的应用空间，其成功推进需要充分的调研论证、公司领导的高度重视和适合企业情况的实施进程，这几方面尤其值得国内企业参考。

### （二）财务共享的构建——苏宁电器案例

苏宁电器作为一家大型的全国连锁家电销售商，面对不断扩张的全国连锁门店，传统的财务核算和管理越来越不能满足公司经营的需求，因此，从 2007 年起，苏宁电器启动了财务转型，借鉴工业化流水线的操作，通过成立财务服务中心，在一个或多个地点对人员、技术和流程进行有效整合，实现公司内各流程标准化和精简化。

苏宁电器的财务服务中心，设有应收账款、应付账款、总账会计、资金结算、档案等十个部门，同时按照业务的协调需要，各个部门进一步细分，设置不同的业务工作小组。在财务服务中心内部，每个部门通过协作，以流水线作业的方式，共同完成公司的基础财务核算工作。以发票处理为例，每月财务服务中心将收到 8 万份发票，如果是专人负责发票签收、记账和归档等工作，其人员需求和业务量可想而知，同时难以保证处理的准确性，但是通过财务服务中心的专业分工、协作，由档案管理部负责发票的签收、派工，应付账款部负责发票的记账，税务会计部负责发票的认证，完毕后提交档案部进行归档保管，流程清晰、分工合理、环环相扣，共同组成了发票处理工作的完整闭环。通过合理的分工，提高了工作效率，同时每个环节实现数据稽核，有效防控了风险，保证了业务处理的准确性。随后，苏宁电器在服务中心的基础上，成立了财务规划中心、财务支持中心和财务结算管理中心，以利用服务中心的核算信息，全流程、全维度、全时间地对财务实行优化和监控管理。

苏宁电器财务服务中心和各专业管理中心的建立，有效满足了业务对财务高效、完善的处理要求，为国内企业开展会计组织转型提供了借鉴。

从目前来看，国内企业的财务转型实践还集中在运用信息化手段高效处理业务和会计组织转型层面，转型建设有待进一步深化。

# 第二节　财务管理信息化的基础理论

## 一、企业信息化理论

"信息化"一词最早是由日本学者梅棹忠夫提出的，他在《论信息产业》（1963）一文中提出："信息化是指通信现代化、计算机化和行为合理化的总称。"随后这一概念在日本、中国、俄罗斯等东方各国流传开来，并逐渐将这一词推广至国家信息化。在1997年召开的我国首届全国信息化工作会议上，将国家信息化定义为："在国家统一规划和组织下，在农业、工业、科学技术、国防及社会各个方面应用现代信息技术，深入开发广泛利用信息资源，加速实现国家现代化进程。"企业作为国民经济的一个微观主体，是社会所需产品与服务的主要来源，因此企业信息化作为国家信息化的重要分支，其推广与应用直接关系到社会的稳定与发展，以及人民的生活与安康。

简单来说，企业信息化就是将信息技术应用到企业管理的各个环节中，以提高企业经营效益与市场竞争力。按照功能可以划分为财务、生产、库存、销售等业务模块，其中发展相对成熟的部分有以会计信息系统为代表的财务核算模块。现今企业信息化正在朝着智能与协同的方向发展壮大，并为各业务模块的发展与优化提供新思路。

企业信息化作为一个相对宏观的概念，财务管理信息化是企业信息化的重要组成部分。而换一个角度来讲，企业信息化是财务管理信息化发展的土壤，对于财务管理信息化的发展起到了重要的引导作用与有效支撑。财务管理信息化的健康发展与企业信息化的发展水平息息相关，没有企业信息化的良好数据支持，企业信息化的财务、业务的集成，以及企业信息化的布网式监督管控，财务管理信息化的效能将会被极大地削弱。

## 二、财务集中管理理论

企业财务集中管理是指企业通过集中核算、统一管理和报告制度，对企业进行财务管理与监督，主要的内容包括：财务的集中核算、集中控制以及决策支持。

财务集中管理体系主要包括核算层、管理层以及决策层，其中核算层肩负着系统对信息源的掌控程度，是整个财务管理信息化乃至企业信息化实施的重要基石。管理层作为系统中企业战略方针与具体预算的执行和管控者，是财务管理信息化贯彻执行的重要保障；决策层在系统中直面企业高层，为企业高层的各重大决定提供有力证据，在引导企业的总体走向上起重要的作用。因此，财务集中管理在企业财务管理信息化建设中提供了一个整体的管理框架和渗入管理脉络，从横向和纵向上管理和掌控整个企业的运行情况，是财务管理信息化实施成败的关键保障。

财务集中管理实施的保障要素归结为制度、流程、组织和平台四点，制度的规范化、流程的标准化、组织调整及职权重新分配，另外通过搭建信息平台支持其正常的运行，是财务集中管理的基本前提。财务集中管理体系的设计将直接影响财务管理信息化实施的成败，而制度的统一与流程的重组、规划对于整个企业的管控效果起到了关键性作用。因此，企业财务管理信息化的实施必须以财务集中管理的实施为基础，而在此前制度的统一规范、流程的重组优化、组织的匹配调整以及平台的搭建都不容忽视。

## 三、全面预算管理理论

预算是一个相对宽泛的概念，它具体反映在企业经营活动的方方面面，例如现金预算、费用预算、资本预算、损益预算等。预算首先是一项计划工作，是对目标结果的量化表现，对预算的管理并不是简单地记录与比较，而是作为企业进行管控的重要手段。在企业预算理论形成之初，预算管理的职能定位就是计划和协调，经过多年的发展，预算管理理论逐步囊括了控制、激励和评价，并逐步成了企业进行内部管控的重要手段。也正是基于预算管理功能定位的逐步成形，以及企业内外环境、企业跨越式发展、企业现代化管理的综合需求，使得企业预算管理的实施迫在眉睫，全面预算管理的理念也逐步形成。

全面预算管理的主要内容经营预算、资本预算、筹资预算以及财务预算四个部分。基于各企业具体情况的差异化，使得全面预算管理在应用的过程中设计和规划都存在差异，预算管理的模式和体系都有待考量。近年来，价值链以及供应链的广泛研究为全面预算管理的实施提供了创新性的思路，但是实施效果不尽如人意，直到信息技术条件下的各大管理软件以及作业成本管理的提出，使得全面预算管理的应用开启了一个新篇章，全面预算的思想逐步通过计算机技术、信息技术在企业管理的应用过程中体现出来，全面预算管理系统面世并推广应用。烦琐的预算编制工作得到了有效的解决，同时全面预算管理系统必将向着更深入的管控和下钻式的预算差异分析方向进军。

近年来，企业信息化的发展与其功能的逐步深化，为全面预算管理思想的生根发芽提供了肥沃的沃土。同时全面预算管理也逐步成了继企业资金管理后的第二大财务管理信息化核心内容。有专家预测，在不远的将来，全面预算管理必将与企业的战略相融合，贯穿于战略的制定、落实、监控与考核，同时全面预算管理还将以企业价值链为根基，进行整个价值链的资源优化配置。

## 四、商业智能系统

商业智能，是于 1989 年由分析师霍华德·德雷斯纳提出的。商业智能是指将数据转变成信息的过程，并且最终将信息转化为知识。商业智能是伴随着信息技术的发展进步以及推广应用而逐步发展起来的，它借助数据仓库、数据挖掘等技术，进行多维度的分析和深入的挖掘，将杂乱的数据最终转化为具有决策价值的知识，并将其应用于各个商业活动。

数据仓库、数据集市、数据挖掘以及联机分析处理是商业智能技术的核心组成。其中，数据仓库充当了企业业务数据的存储器，对企业的各项业务数据进行统一和集中管理，与数据集市一起为 BI 的正常运作奠定坚实基础，数据挖掘主要的功能是对数据库中的数据进行判断与提取，为联机分析处理的分析和处理工作起到重要的辅助性作用。

对于企业来讲，财务管理信息化的实施为其管理的进步提供了良好的阶梯，但是信息化的背后却有潜在的危机，那就是信息爆炸，并且这一危机已经逐步显露。在企业财务管理信息化建设中引入商业智能，以融合企业内部信息，针对不同管理者的需求，挖掘有价值的信息，并将其转变成知识，全面满足各级人员的个性化需求是大势所趋。

# 第三节　财务信息化管理系统

## 一、财务信息化管理系统的主要内容

从业务流程上分，财务信息化管理系统可分为电算化会计信息系统、财务管理计算机系统和电子商务部分，其中电算化会计信息系统是运用电子计算机技术对会计信息进行管理的人机结合的控制系统，简称会计电算化，它为计算机财务管理提供了精确的理论基础，使财务管理向信息化发展，进而提高工作效率和成功率。电子商务是利用电子手段进行的商务活动，它以网络为基础，不受时间限制，是财务信息化管理的升华，是财务信息化管理成功的体现。三者关系是密不可分的。

## （一）会计电算化信息系统

1. 会计电算化信息系统是时务信息化管理的基础

（1）财务管理计算机系统与会计电算化系统的关系

财务管理计算机系统和会计电算化系统有着密切的联系。过程中所采用的技术是基本一致的。因此，财务管理信息系统的设计可参照会计电算化系统进行，在具体设计过程中，可吸取会计电算化系统设计过程中的经验和教训。

（2）会计电算化系统是财务管理计算机系统的基础

财务管理计算机系统中使用的大部分数据都来源于会计电算化系统，因此这些数据可以和会计电算化系统共享，也可以直接通过转化程序获得，而无须再经过人工数据采集过程。

（3）财务管理计算机系统的建立，使会计电算化信息系统进一步完善

财务管理计算机系统将为企业的生产和经营管理提供更多、更有用的管理数据，特别是财务管理计算机系统，在充分利用会计电算化系统数据的基础上对企业的资金运转情况进行的财务预测、监督、控制与分析，使得会计电算化系统的数据资料得到了充分的利用，提高了会计电算化系统数据的使用效率。

（4）会计电算化信息系统的组成

一个会计信息系统通常由多个不同功能的子系统组成。每个子系统完成特定的会计数据处理，提供特定部分的会计信息；各子系统之间互相传递信息，共同完成一个既定的系统目标。会计的三项基本职能是反映、监督和参与决策，也分别称之为会计的核算职能、管理职能和决策职能。通过会计核算来反映企业的经营活动情况，通过会计管理来监督企业的经营活动情况，通过会计决策来参与企业的经营管理。因此，会计电算化信息系统按职能通常分为电算化会计核算信息子系统、电算化会计管理信息子系统和电算化会计决策支持子系统。

2. 会计电算化信息系统在企业管理信息系统中的位置

从对管理信息系统的分析可知，企业管理信息系统是由众多的子系统组成的生产经营系统，各子系统有着各自不同的作用和任务。电算化会计信息系统是企业管理信息系统中的一个子系统，具有十分重要的地位。由于会计是以货币的价值形式反映企业再生产过程中的资金形成、使用和分配过程，反映和监督企业整个生产经营活动，因此，电算化会计信息系统与其他管理信息子系统相比具有以下几方面特征。

（1）定量化

会计作为重要的企业管理活动之一是通过货币计量以达到管理目标。因而，与其他子系统不同，会计信息系统更侧重于定量化的管理，并且要精确。电算化会计信息系统所产生的产品（会计信息）必须符合国家统一的会计制度的规范要求。

（2）全面化

会计信息是系统反映和控制企业产、供、销、人、财、物各个环节、各个方面，并全面参与企业管理的综合信息。例如，企业的设备管理子系统只是对本单位生产资料使用价值的管理，而会计对在企业生产经营过程中只要能够用货币计量的经济业务事项都可以进行管理，并且，突出其价值管理和综合管理的功能。会计信息系统是保证企业以最小的投入取得最大的经济效益的子系统。可以说，企业各部门的管理人员都在某种范围内利用会计信息。

（3）复杂化

正是由于会计信息系统全面地反映和控制企业生产经营活动，使它不仅内部结构十分复杂，由若干子系统构成，而且，它跟其他管理子系统以及企业外部联系也十分密切和复杂。会计信息系统从其他子系统中取得有关信息，加工处理后又提供给有关系统，使得系统内部和外部接口比较复杂。

（4）信息最大

以上特征又决定了会计信息系统要收集、处理、存储和提供大量的经济信息。据测算，会计信息量约占企业全部信息量的70%。

综上所述，会计电算化信息系统在管理信息系统中占有十分重要的地位，与其他子系统相比，电算化会计信息系统处于整个系统的中心位置，如果把管理信息系统比作大脑，那么会计信息子系统就好比神经中枢系统，控制着整个系统的运行。因此，在建立企业管理信息系统时，必须综合考虑各子系统的要求和特点，使其结构合理，最大限度地实现数据共享，提高系统整体效率。

## （二）财务管理计算机系统

1. 财务管理计算机系统是财务信息化管理的核心

财务管理计算机系统是一种新型的人机财务管理系统。它以现代化计算机技术和信息处理技术为手段，以财务管理和管理会计提供的模型为基本方法，以会计信息系统和其他企业管理系统提供的数据为主要依据，对企业财务管理中的结构化问题进行自动或半自动的实时处理；而对那些半结构化和非结构化的问题，则通过提供背景材料、协助分析问题、列举可能方案、估计各种不确定方案的结果、预测未来状况等方式，为企业决策者制定正确科学的经营决策提供帮助。

从财务管理的具体内容来看，财务管理中的一部分问题，属于结构化的问题，具有固定的处理模式，具有一定的规范性；而财务管理中的大部分问题则属于半结构化或非结构化的问题，都是难以事前准确预测的，且各种问题以及解决问题的方法是随环境的变化而变化的，这就决定了财务管理的不规范性。但是，从另一个角度看，企业财务管理中的各种问题又以企业的内部环境为其基本环境条件，这又决定了企业财务管理以企业管理各子系统的信息数据为基础。通过对这些数据的分析，可以对企业财务管理中的各种问题进行预测和判断。可见，财务管理计算机系统实际上是一种综合了计算机管理信息系统和计算机决策支持系统的综合系统，它具有管理信息系统和决策支持系统的一切特点。

2. 电子商务下的助务运行

电子商务在改变传统会计运行环境的同时，也改变了建立在此基础上的会计信息系统的应用环境。基于电子商务的会计信息系统必须是建立在企业内联网、外联网、互联网基础之上的。目前，美国的许多会计和管理软件已实现了这一目标。我国的会计软件公司也在往这个方向发展，有的已推出了称之为"网络财务"的第一代产品。

毫无疑问，基于电子商务的会计信息系统也必然是基于互联网的会计信息系统。为了突出网络社会会计信息系统的本质特征，我们也可以把这个系统叫作基于电子商务的会计信息系统，即我们不能把互联网对会计信息系统的影响仅看成是一次像过去 Windows 代替 DOS，C/S 结构代替 NOVELL 结构的纯技术进步，而应当把它看成是会计信息系统结构的质的进步。

会计信息系统是为企业经营管理服务的，它总是建立在一定的企业组织与业务环境之上。电子商务改变了企业的组织结构、业务流程、货币结算程序，也改变了会计信息产生和存在的形式，这必将给会计信息系统带来深刻的影响。

（1）改进会计信息的检索以及输出方式

在电子商务下会计信息系统采用线上的输入方式来替代之前传统的纸质输入方式，从而极大地提高了企业的信息化程度以及企业运营的效率。无纸化的输入方式不仅能够有效降低纸质资料的装订以及打印的成本，还在一定程度上节约了人力资源上的投入，除此之外，无纸化的输入方式也进一步使得资料的查阅以及信息检索的方式更加便利。将所有的财务报表资料以及数字信息输入电脑，然后由会计人员进行计算得出结果，这样的方式比之前传统的方式更加详细和完善，与此同时，通过文件名进行关键词搜索、日期搜索等多种检索方式，也极大地提高了数据资料的查阅效率。

（2）有效降低了生产成本和销售成本

相关调查结果显示，电子商务的出现有效地降低了产品的生产成本以及销售的成本，并且生产和销售成本降低的幅度在 3%～37%。而对于企业来说，电子商务针对的不仅是企业成品销售的环节和材料选购，还在一定程度上反映了企业内部每一个生产环节半成品和成品的转移等。电子商务会以数据化传输的方式将产品的半成品材料传输到下一个环节当中的系统模块上，并且让其参与到这个系统模块的运作中，然后通过企业电算化的会计信息系统将该数据储存起来，将其用于企业整体的数据化管理的运行，这在很大程度上降低了企业的生产成本以及销售成本。

## 二、财务信息化管理的意义

企业财务信息化管理是企业财务管理史上的一次革命，它不仅是财务管理发展的需要，而且是经济和科技发展对财务工作提出的要求，是时代发展的要求。同时，财务信息化管理已成为一门集电子计算机科学、信息科学和会计科学为一体的边缘学科，在经济管理诸领域中处于领先地位，正在起到带动经济管理诸领域逐步走向现代化的作用。具体来讲，财务信息化管理的意义主要体现在以下六个方面。

第一，降低了财会人员的劳动强度，提高了会计工作效率。实现财务信息化管理后，只要将记账凭证输入电子计算机，计算机就可以自动、高速、准确地完成大量的数据计算、分类、存储、传输等工作。这不仅可以把广大财会人员从繁杂的记账、算账、报账工作中解脱出来，而且大大提高了会计工作效率。

第二，促进了财务工作规范化，提高了财会工作质量。财务信息系统对财务数据来源提出了一系列规范化的要求，这在很大程度上解决了手工操作中的不规范、易出错、易疏漏等问题，使财务工作更加标准化、制度化、规范化，财务工作的质量得到了进一步的保证。

第三，促进了财会人员素质的提高。财务信息化管理的开展，一方面，由于许多工作是由计算机完成的，财会人员有了更多的时间，可以学习会计和管理方面的新知识；另一方面，要求广大会计人员学习掌握有关财务信息化管理的新知识，从而使广大财会人员的知识结构得以更新，素质得以提高。

第四，促进了财会工作职能的转变。在手工条件下，财会人员整天忙于记账、算账、报账，财会工作只能实现事后核算的职能。采用电子计算机进行会计数据处理后，不仅提高了财会人员的工作效率，使财会人员可以腾出更多的时间和精力参与经营管理，更好地发挥财会人员应有的作用；而且由于电子计算机能够存储并迅速处理大量的数据，完成在手工方式下难以完成甚至无法完成的对会计信息的分析、预测、决策工作，实现会计的事中控制、事前预测的职能，从而使财务管理能在加强经营管理、提高经济效益中发挥出更大的作用。

第五，促进了会计理论和会计实务的发展，推进了财会制度的改革。财务信息化管理不仅是财务核算手段和财务信息处理技术的变革，而且必将对财务核算的内容、方式、程序、对象等会计理论和实务产生影响，如由于账簿存储和处理方式的变化导致账簿的概念与分类的变化，由于内部控制和审计线索的变化导致审计程序的变更等，为了适应这些变化，财务管理制度也要进行相应的改革。

第六，奠定了企业管理现代化的基础。现代企业不仅需要提高生产技术水平，而且需要提高企业管理水平，实现企业管理现代化，才能提高企业经济效益，使企业在激烈的竞争中立于不败之地。会计信息是企业管理信息的重要组成部分，而且多是综合性的指标，具有涉及面广、渗透性强等特点。实现了财务信息化管理，就为企业管理现代化奠定了基础，并且可以带动或加速企业管理现代化的实现。

# 第七章 建立财务共享中心

随着各企业集团业务的飞速发展，传统的财务管理模式已不能满足规模化和信息化的要求。财务共享中心就是基于信息技术和流程规划将企业集团各成员公司的日常财务核算、报表报送等同质工作集中到一起，进行规范化和标准化的处理。另一部分战略财务人员和业务财务人员则将更多的精力贡献到战略谋划和业务支持上。财务共享中心作为先进的财务服务模式，以管理创效益，帮助企业提升价值。

# 第一节 财务共享服务理论概述

## 一、财务共享服务的相关概念

### （一）财务共享服务的概念界定

财务共享服务是一种以财务为内容通过共享实现的服务。以财务为内容是指财务共享服务中心承担的职能是原财务部门职责的一部分，这一部分具有基础性、重复性、易于标准化和与管理决策相关程度低的特点。共享是指资源的共享，即财务共享服务中心服务的对象是企业集团内所有的分支机构或部门。

总的来说，可以将财务共享服务定义为一种将企业集团内重复性高、易于实现标准化、与管理决策相关程度低的财务业务从原先的财务部门抽离出来，通过流程再造和统一标准化整合到一个全新的独立运营的业务单元，即财务共享服务中心集中处理，以此达到提升业务处理效率，进而降低成本、加强管控、创造价值的目的，最终提升集团整体财务管理水平的一种创新管理模式。

### （二）财务共享服务的特点

第一，集中性。共享服务中心为企业内部各业务单元提供支持服务，是通过集中性的处理方式。为了处理一部分母公司的业务，共享服务中心建立了一个共享服务单元把一些业务支持部门合并在一起。一般共享的业务支持不是企业的核心业务，而是一些繁杂的、重复的基础业务。其实从理论角度出发，共享单元能够处理各种业务，不过，前提是有一定的管理方式及相关管理评价标准。从母公司的角度，共享服务的主要目标是降低企业的成本，提高工作的效率，创造更多的收益。

第二，整合性。共享服务模式不是传统的管理模式和汇报模式，它作为一个经营实体是半自主的。母公司与共享业务单元之间的关联方式有很多种，共享服务中心向母公司汇报，是母公司下属的一个独立经营实体。共享服务中心可以由母公司直接或间接控股，也可以是来源母公司的管理者持有其一定的股份。除此之外，共享服务单元也可以与母公司就提供的服务内容，签署相关的服务协议。

第三，信息化。共享服务中心是具有高科技、发达信息系统的服务中心，而且它集中性地提供支持服务。然而对于传统的业务支持部门而言，它只能为单一的业务单元提供服务。随着信息系统不断的强大，科学技术不断的发展，共享服务中心提供的服务不再受限于地理位置的约束，它可以支持处理全球业务范围内的业务，从传统的面对面方式变为互联网方式，从而确保本地共享服务中心可及时有效地服务各个区域或全球的业务单位。共享服务中心常用的信息系统包括：影像传输系统、客户管理系统、档案管理系统以及企业系统。

第四，市场化。共享服务中心可以按照市场定价方式对提供的各项服务进行要价，甚至将来可能完全市场化，企业在选择共享服务中心的时候完全由市场竞争决定，此时的共享服务中心成了一个完全独立的经济实体。企业通过一个独立的运营机构管理共享服务中心，该机构可以就其服务规定相关价格。随着共享服务中心在市场中的成熟，企业内部也可以选择外部企业提供的共享服务，企业内部与外部的共享服务中心之间进行了直接竞争，这样的市场竞争才具有真正的意义。

## 二、财务共享服务模式的相关理论

### （一）财务共享服务模式的优势

财务共享服务模式与财务共享服务的关系是形式和本质的关系。不同的财务共享服务模式能够达到的作用不同，它的优势包括以下几个方面。

1.降低企业成本

降低企业成本是财务共享服务最基本的目的。这里所指的成本是广义上的成本，它包括服务成本、劳动力成本等。

首先，企业在建立财务共享服务前，通常会根据企业本身的特点或需求，建立相关部门，配置相关人员，那么或多或少地存在岗位上的分散和重叠，导致配置不合理。而且各部门之间独立，闲置的人力物力不能跨部门流通。而实施财务共享服务，就是把某个区域内的业务支持服务整合到一个共享服务中心中来执行。人员的需求降低，集中化的处理也会带来规模效益，资源整合后共享中心能够服务于该区域。

其次，共享服务中心的建立必然需要优化先前的服务流程以及明确作业分工，整合后的工作分工更加明确和细化，流程更加清晰，一定程度上降低服务成本。

最后，分工更加明确和细化，使得共享服务中心能够对不同的工作岗位定级或分层，区分不同层次工作岗位对于专业背景和经验技能的要求，合理配备相应能力的员工，压缩人工成本。

2. 提高服务质量

首先，共享服务加速了标准化的进程。分散模式下，各个业务支持部门由于规章制度、标准及流程等不同，同类服务的质量必然存在一定的差异。而在共享服务模式下，这种情况就会好转，主要体现在共享服务中心的规章制度、标准及流程等是统一的，服务的整个过程能够得到控制。最终使得服务标准达成一致，执行偏差也就较少，从而保证了服务的水平和质量。

其次，共享服务提升了专业化水平。共享服务模式把之前分散的业务支持部门整合到一个财务共享服务中心中，细化的分工使得每个岗位的专业性程度提升，因而每个岗位的工作者都是其领域的专家，从而提升了服务的水平和质量。提供这些共享服务是建立共享服务中心最核心的业务。它与分散模式不同，共享服务中心能将工作的全部重心放在为业务支持提供服务，不仅能够使服务的水平和质量得到提高，还能够使整个集团获得更多的效益。

最后，共享服务拥有市场化的运作效率。共享服务中心不仅是服务于集团内部，它本身就是一个独立的经营实体，在市场化的环境下运作更有效率。而共享服务中心与业务单元的关系发生了本质的变化，由原先的职能辅助与主业的关系变成了供应商与客户之前的供求关系。在服务能动性方面也更加灵活，先前服务的模式为托管式，而后变为自愿式。与此同时，大量的外部供应商的存在，使得企业有权利选择最优的服务提供者，因此共享服务中心在外部竞争的情况下必定要提升服务的质量，来应对外部的竞争。这种竞争的环境必定使得共享服务中心需要不断优化本身的服务，提高服务质量，提升服务效率，获得更多内部的客户资源。

3. 降低风险

由于共享服务中心有着统一的服务质量标准，集中性地处理能够对服务的整个过程进行监督，使信息流通和共享更加便捷，在一定程度上降低企业的风险。

4. 专注于核心业务

共享服务模式能够集中性地处理一些非核心的业务，而分散模式却需要针对某些业务单元将部分资源集中，用于提供业务支撑的服务，必然会造成资源的浪费。当共享服务中心提供的服务价格和服务质量与市场的需求相匹配时，各业务单元就可以将资源更多投入核心业务和维持客户上。

5. 扩张更灵活

企业集团规模较大，通常有并购或海外建立分公司的需求。采用共享服务可使得企业变得更加灵活，提升扩张的潜力。当企业实施兼并和收购时，能够直接运用共享中心处理日常的业务支持，不需要为此单独建立业务支持部门，操作也更为便捷。此时，对核心业务进行整合才是企业的主要任务，这才能使新业务单元更快更高效地运作。

同时，由于有财务共享服务中心的基础，当企业拓展新的业务的时候，共享服务中心的工作不仅不会中断，还能很快做出相应的调整，使得扩张过程顺利平缓地进行，缩短时间并降低成本，也为企业追求更好的市场和机遇提供了的保障。

6. 创造收入

共享服务中心本身就是独立的经营实体，不仅可以服务于集团内部，还可以对外进行服务，从而获得相应的收入。同样，部分企业也会将某些业务支持服务直接交给提供共享服务的供应商，以此达到降低企业成本的目的。于是，共享服务中心的设立开辟了一片新的市场，为企业带来创造更多收益的可能。

## （二）财务共享服务模式的弊端

虽然财务共享有着降低成本、提高效率等一系列的好处，但是，它也非尽善尽美，还存在以下弊端。

（1）建设初期容易产生内部合作效率低下的问题

共享作为一个专门的运营机构需要向内部子公司提供服务，之前由子公司自行负责的业务趋变为由共享中心和相关职能部门承担，但是免不了因为某些观点不同而产生矛盾，从而影响企业内部的合作关系，最终影响了工作效率。

（2）很大程度上依靠流程，若某一个环节出现弊端，则影响很大

现如今，企业很大程度上都是依靠共享中心已制定好的流程进行运作的，公司管理层对于流程的管理和改进能力相对较弱，如果只是执行，而没有相应机制支持其进行改进，则会出现很大的弊端。

（3）基层职工技术含量低，易离职，人才培养机制缺失，很多大企业在最初建立财务共享中心的时候，对员工素质要求很高，然而财务共享中心80%以上的业务都是简单重复的操作，导致员工应有的能力无法发挥，造成了资源浪费，同时给员工的积极性和可持续发展带来了很大的挑战。如何让员工不断学到新知识，并且参与到共享中心的发展中是一个亟待解决的问题。

### （三）财务共享服务模式的理论基础

#### 1. 资源整合理论

资源整合指的是企业将不同内容、不同来源、不同结构、不同层次的资源进行选择与辨别、配置与汲取、激活及有机融合，使得这些资源变得更有条理性、较强的柔性、系统性以及价值性，并在此基础上产生新资源的一个复杂的动态过程。对资源进行整合既是企业经营管理的日常工作，同样是企业调整战略的一个手段。整合企业资源就是要有取有舍、有进有退，对获取的资源不断地优化配置，最终使之整体最优化。

资源整合是系统论的思维方式。将企业内部一些职能看似有关但却分离，将企业外部有着相同目的但经济利益独立的合作伙伴，通过一定的组织和协调形成一个客户服务系统，用最少的资源发挥最大的作用。

资源整合是将配置进行优化的决策。结合着市场需求与企业自身发展的战略，对市场资源的配置进行优化，将客户需求与资源配置进行完美的结合，打造企业的核心竞争力。进而使企业通过改善其管理制度以及经营方式等加强企业在市场中的竞争优势，提升服务客户的水平。

对组织单元原有的资源进行整合、分析、重新配置，这是企业运用共享服务管理模式的基础。无论是从战术选择的层面上还是从战略思维的层面上，企业运用共享服务管理模式很重要的一个过程就是对资源进行整合，其效果是非常显著的。最终它能够降低企业的成本、提高企业的效率，使企业获得更多的效益，增加市场占有率。

#### 2. 规模经济理论

规模经济理论是现代企业理论研究的重要范畴，是经济学的基本理论之一。规模经济理论是指在某一段时期内，通过增加产品的产量，产生规模效益，那么单个产品的成本就会降低，获得更多的利润。

共享服务中心的建立能实现规模效应，将这些业务集中处理不仅能够提高工作的效率，降低单位成本，而且还能提升专业化水平。

#### 3. 流程再造理论

BPR（Business Process Reengineering）即业务流程重组，该思想理论起源于20世纪90年代，是由国际管理咨询公司创始人 James. A.Champy 和美国著名管理学家 Michael Hammer 共同提出的。

业务流程重组要以流程为中心，对现有的业务流程认真思考，完全重新规划新的业务流程。将高效管理手段和先进的信息技术结合运用，不再束缚于传统的观念，对企业的组织结构进行创新改造，改善企业的运营现状，能够使企业的成本降低、工作效率提高、产品和服务质量提升等。业务流程再造的特点包括以下四点。

一是流程完全重新规划，前提条件是保证整体流程运转达到最佳状态。企业的业务流程再造是取其精华去其糟粕的过程，需要企业对流程的每个环节进行合理的优化改良，协调运转整个流程使其达到最理想的效果，最终增强企业竞争力，而不是对企业局部业务的功能性进行改良。

二是企业要围绕流程来打造经营管理办法。传统企业的经营管理方式主要基于企业本身的职能，而对流程再造，企业应将流程作为中心，把零散的业务流程通过一定方法整合为完整的业务流程，始终保持其整体性的原则，提高工作效率。

三是实现扁平化管理。通过精减员工数量、减少低效率的职能机构、缩减管理层级的办法，实现扁平化管理，这样企业在做出任何决策的时候能够及时地传递到生产营销的一线，减少由于层级过多造成的信息丢失。扁平化管理是一种新型管理模式，不仅能够迅速准确地传递企业内部信息，还能使工作人员的效率提高。

四是运用先进的信息技术。伴随着互联网时代的来临，传统的企业经营管理方式受到了很大冲击，运用先进的信息技术极大地改善了传统的经营管理方式，企业的组织架构也发生了变化。传统企业的业务流程信息较为独立和封闭，传递过程中增加重复性的工作，繁杂的流程也导致了很多无用功，甚至信息传递过程出现错误等问题，严重降低企业工作效率。ERP系统大大地改善了之前的问题，流程的标准化、共享化、透明化和准确性，使得信息传递和收集的整个过程都能够得到很好的控制。

4. 效率管理理论

效率管理是一种提高组织效率的方法，通过研究组织及组织流程，规定、分析和评估组织的效率，从而使组织的效率提高，更有效地达到组织的目的。效率管理是一种管理方法，其思想的精髓在于它强调利用所有可行的效率标准将人们的思想进行统一，对人们的动作进行指导，把效率置于工作的最重要位置，并作为管理活动的宗旨。研究管理组织的核心就是组织效率，提高组织的管理水准前提是提高组织效率，只有组织效率提高，才能推进组织的发展。为了解决组织的效率问题，效率管理要求在选择合适管理方法的同时，要充分结合组织本身存在的问题特点及性质，效率管理涉及的范围包括所有能提高效率的方法。

效率管理是一种通用管理方法，它的存在具有通用性，能够适用于不同条件、不同企业、不同地域甚至不同国家。通用管理方法，是能够解决特定条件的管理办法。因而效率管理相比其他的管理方法具有其本身特有的特点。效率管理的目标是不断提高效率；效率管理解决问题的方法是动态的；效率管理是将组织作为中心的全面管理。

在现今激烈竞争的市场环境下，效率成为越来越多企业关注的焦点，是企业竞争力的重要力量，保持持续高效的管理模式已逐渐变成衡量一个企业竞争力的标准。

共享服务管理模式存在的目的是提升企业运营效率。通过对相同业务进行剥离，建立统一的流程，制定相同的标准，共享服务中心进行集中统一处理这些业务。共享服务中心不仅在信息系统方面有着强大的优势，而且所配备的人员也是该领域熟练员工，由共享服务中心集中进行处理必然能使成本降低、工作高效，影响着企业乃至整个集团的成本控制和运营效率。

5. 竞争优势理论

企业竞争优势理论是指当两个企业处于相同的市场时，其中一家公司在收购更多当前或未来的利润或市场份额的同时，也赢得了一些竞争优势。从企业内部来说，企业所拥有的竞争力来自企业的资源、创新等优势。而共享正是通过企业资源的整合和管理模式的创新，使企业获得竞争优势。

6. 组织结构扁平化理论

组织结构扁平化是指对决策层与运营层之间的中间管理层进行削减，使管理阶层变得更为精简，打破公司自上而下、垂直重叠的结构，通过减少冗杂人员来创立一种紧密的横向组织机构，通过精简中间的管理层，使上下层之间沟通更为有效，管理层更方便了解市场动态，基层员工也更了解管理层的意图。共享是通过把一个组织的各项非核心业务从原来的业务单位中分离出来，集中到共享中心统一运作，通过集中使原来的业务单位更加关注核心业务或利润更高的业务，从而使组织结构变得扁平化。

# 第二节　基于财务共享服务的财务转型问题及对策

## 一、财务共享服务模式与财务部门转型

为了解决传统财务部门存在的问题，企业可以实施共享服务模式，对财务服务进行分类和整合，建立财务共享服务中心，从最基础的职能和组织结构进行变革，促成财务部门职能的转型。

根据财务部门的具体工作内容，可以将信息服务、分析考核预测、资源配置和风险管理四类职能按照服务目的划分为三类：决策支持型、专业服务型和日常交易型。

1. 决策支持型

财务部门提供这类服务的目的是为业务单元管理层的决策提供支持。因此，其与业务单元实际情况密切相关，具有重大的决策相关性，需要很强的灵活性，一般各业务单元之间不存在相同点。这种服务应该保留在业务单元内，以便根据实际需要快速做出反应和进行调整。包括预算编制、特定的财务报告等。

2. 专业服务型

财务部门提供这类服务的目的有很多，包括控制风险、提高服务质量等。其与业务单元的实际情况关系密切，具有一定的决策相关性，但与其他业务单元的类似服务的工作原理基本相同，由其他财务部门来提供对其效用影响不大。同时，这类服务专业性较强，对技能、经验的要求较高。企业可以考虑将各业务单元财务部门的这类工作人员整合起来，建立专业财务共享服务中心，利用其专业能力，为各业务单元提供这类服务。包括内部审计、业绩评价、价值评估等。

3. 日常交易型

财务部门提供这类服务的目的是保证业务单元正常开展业务活动。其与业务单元的实际情况基本联系不大，而且其他业务单元存在着与其完全相同的服务。同时，这类服务发生数量巨大，对专业能力要求不高。企业同样可以考虑将这类财务部门工作人员整合到一起，建立普通财务共享服务中心，为所有业务单元提供服务。包括现金收付结算、报销审核等。

财务共享服务中心整合了财务部门的部分职能后，企业的组织层面及其财务职能也将发生变化：①企业管理层面。它所专注的是企业总体战略，负责财务政策和标准的制定，为各业务单元设定目标，评价他们的经营成果，进行监督控制以及资源的分配；②业务单元层面。它所专注的是本业务单元的战略，内设财务部门负责预算编制、财务分析等决策支持服务；③共享服务中心层面。它所专注的是为跨地区、跨部门的各业务单元提供专业的财务服务。

当企业建立财务共享服务中心后，财务部门可以从业务支持、会计核算、财务报告等职能中脱离出来，专注于预算、资金管理、业绩评价以及决策支持工作。

## 二、基于财务共享服务的财务转型问题

### （一）财务部门与业务部门并没有实现有效的沟通

企业内部有很多部门，每个部门的工作性质不一样，所以在很多情况下，对于彼此并没有深入的了解，尤其是财务部门与业务部门。例如，两个部门对于预算的看法就不一样，财务人员在制定预算指标时主要关注的是成本，他们要对成本进行有效的控制，而对业务部门来说，他们主要关心的是自己的工作计划，二者如果没有进行有效的沟通，很可能就会出现这样的情况：财务人员制定的预算指标过低，而业务人员需要的预算比较大，这就会造成两个部门之间的矛盾。业务人员会认为，过度关注成本在一定程度上限制了业务发展的范围，而财务人员则认为，业务人员根本就不懂成本控制在企业发展中的重要作用。一旦两个部门产生矛盾，就有可能导致整个企业发

展陷入艰难的境地。

## （二）复合型人才匮乏，无法满足财务转型的现实需求

我国大部分会计人员的主要工作任务就是进行会计核算，但是随着财务共享服务中心建立之后，很多会计人员已经从烦琐的会计核算工作中解放出来，被安排参与企业决策。但是，需要说明的是，会计人员已经习惯了会计核算工作，突然要参与到战略财务以及业务财务的工作中，难免会有一些困难。况且，大多数企业的财务部门与业务部门是相互独立的，财务人员一般接触不到业务工作，所以对此其实没有多少了解。不过，为了实现财务转型，企业必须要做的就是实现财务业务一体化，也就是说，财务部门要实现角色转变，成为业务部门的有效支撑点。这其实对财务人员提出了更高的要求，那就是，财务人员不仅要懂财务知识，而且要对业务知识有必要的掌握。

当前，会计人员在校受到的教育都是以财务专业知识为主，而对管理会计以及管理学方面的知识知之甚少，这也导致财务人员往往不具备管理素质。财务人员入职之前需要进行一定的岗位业务训练，该阶段也是以财务知识训练为主，并未涉及业务知识与管理知识，而当其上岗之后，工作的内容也仅局限在会计的日常工作，是无法接触到业务工作的，所以，从这个层面上来说，财务管理复合型人才的确比较少，这也就无法满足财务转型的现实需求。

## （三）人才是财务转型的基础，现阶段的财务转型并没有完善的人才激励机制

在中国，很多企业都缺少一套比较科学合理的绩效考评制度，企业实行的绩效考评制度往往过于死板，无法从根本上调动企业员工的积极性。

尤其是在国企，企业与员工存在一种相对稳定的雇佣关系，通常情况下，员工如果不主动辞职，企业是不会辞退这些人的，这就导致很多国企员工在工作中并没有很大的积极性。

管理工作需要管理人员具有一定的主观能动性，但是，这种主观能动性的激发必须以一定的激励制度作为支撑，所以，如果企业无法给予管理人员足够的动力，那么，管理人员就有可能不会付出足够的精力去工作。很明显，这是非常不利于财务工作重心向管理决策转移的。

## 三、基于财务共享服务的财务转型问题的应对之策

### （一）财务部门与业务部门要加强沟通与交流

毕竟财务人员与业务人员并不熟悉彼此之间的工作性质与内容，因此，非常容易产生不理解的情况，为了进一步加强两大部门之间的沟通与交流，财务人员要有意识地了解业务知识，不仅能够辅助业务人员的工作，而且能确保二者之间沟通的顺畅。

财务人员长期从事财务工作，看问题也多以财务的视角去看，这难免会对其了解业务知识有一定的阻碍。在财务转型时期，财务人员应将关注的重点从风险转移到公司如何获得更多的利润上，要多注意考虑业务人员的实际需要，只有这样才能保证二者之间的沟通与交流，才能保证企业获得更大的价值，实现利润的最大化。

### （二）进一步培养财务人员的业务以及管理能力

财务转型对财务人员提出了更高的要求，财务人员不仅要具有扎实的财务知识，而且要具备较高的业务以及管理能力。一般来说，提升财务人员这种能力的措施主要有两点：第一，要逐步建立起一套相对比较完善的财务人员培训与发展制度，在严格的制度下培养一批具有管理能力的人才；第二，可以从企业外部直接雇佣一些具有业务经验的财务管理人员，这样做的好处就是，减少了再培训这一环节。

### （三）建立与完善薪酬绩效制度

调动财务管理人员的积极性对企业的长期发展是至关重要的。企业要不断完善薪酬绩效制度，以最实际的奖励对财务管理人员予以激励。企业需要让员工知道，员工与企业的利益是一致的，员工为企业努力工作其实就是为自己努力工作。

需要注意的是，企业制定的薪酬绩效制度要有一定的针对性，管理层与员工层的制度要有所区别。针对业务财务岗位，企业可以制定提成工资的分配方式，这样的话，业务财务人员就会明白，自己的工资是与项目收益密切相关的，他们就会更加努力地投入工作之中。

薪酬绩效制度不能是固定的，随着企业发展以及员工诉求的改变，要做出适时的变化，企业要经常听取员工对于薪酬制度的反馈，在结合员工工作实际情况的基础上，不断完善薪酬绩效制度。

# 第三节　财务共享模式下内部控制问题与对策

## 一、公司内部控制概述

### （一）内部控制的内涵与内容

1.内部控制的内涵

内部控制是指单位为了保护资产的安全、完整，提高会计信息质量，确保有关法律法规和规章制度及单位经营管理方针政策的贯彻执行，避免或降低各种风险，提高经营管理效率，实现单位经营管理目标而制定与实施的一系列控制方法、措施和程序。

2.内部控制的内容

每个企业的规模、性质以及业务范围等层面都存在很大的差异，因此，企业在建立内部控制制度时的方法与构成内容方面也会有很大的不同。一般来说，企业内部控制主要包括以下几个方面的内容。

（1）控制环境

对于那些能够对企业内控产生重大影响的因素都可以称为控制环境。每一个企业内部控制制度的设计与执行都是处在特定的控制环境之中，所以，从这个层面上来说，控制环境在一定程度上能够决定企业内部控制制度的制定与实施。

（2）组织机构控制

组织结构控制就是指企业管理者能够对企业内部的各项工作进行有效的分工，使不同岗位上的员工都能各司其职，这样便能保证企业的日常运转。

（3）业务记录控制

业务记录控制是指管理者制定一定的制度，并要求会计人员或相关业务记录人员能够在工作中执行这些制度，这也是保证会计记录真实、准确的要求。

（4）业务处理程序控制

业务处理程序控制就是要将一个业务分成不同的部门，把每一部分业务分配到相对应的部门，让相关部门的人员单独处理。这不仅使群体的智慧实现了最大化，而且有效地进行了内部牵制，从而能够防止营私舞弊情况的发生。

## 二、财务共享模式下内部控制存在的问题

### （一）信息系统操作效率不高

目前财务共享中心往往面临着操作系统效率低的问题，主要表现在：系统信息负载量过大，系统运行缓慢，在会计期末核算期数据流转量大、同时在线人数多时尤为明显；系统对整体业务的覆盖程度不够高，信息处理存在瑕疵，使得部分工作需经过手工加工来完成；会计系统中的内部控制制度的执行面临严峻挑战。工作效率无法满足业务需要的财务中心，难以实现真正意义上的"共享服务"。

### （二）业务与财务分离

企业集团的业务发生在各个分、子公司，其业务分布广泛、内容多样化，而财务核算已集中，中心财务人员无法全面了解各分、子公司发生的具体经济业务，因而无法对其真实性做出有效判断，并且对经济事项的控制也无法做到事前控制。

### （三）流程设计不合理

财务共享中心构建的核心任务是流程再造，而流程的不合理将导致共享中心的服务效率低，内部控制制度不能有效执行，尤其难以做到事前控制。

### （四）内部控制风险加大

实施财务共享有利于集团内会计政策、会计核算制度的协同，集团层面对财务报告及相关信息真实完整的管控力度得到强化。但财务共享模式下集团内共享成员企业在共享会计核算资源的同时，也共用同一套内部控制体系。这样，只要这一共享的内部控制体系存在缺陷就会放大至集团内所有共享成员企业，导致所有共享成员企业以及集团层面会计信息存在质量风险，非共享模式下的内部控制个别风险随之演变成了系统风险。

## 三、财务共享模式下内部控制存在问题的应对策略

### （一）提升财务管理机制的标准性

很多企业已认识到财务共享模式的积极作用，以将其应用到企业财务管理中，但是财务管理机制标准还是传统的管理标准，这种财务管理机制标准不适用于新型的财务管理方式，使得财务共享模式无法有效应用，也就导致内部控制力度较弱，这就需要提升财务管理机制的标准性。企业要根据财务共享模式建立新的标准业务机制，并

将标准业务机制实施情况的评估作为落实财务共享服务的前提依据。加强财务管理机制的监管落实，以确保财务管理机制作用的有效发挥。通过财务管理机制，来提升内部控制力度，提升企业财务管理水平，提高工作效率，强化集团对于各子公司财务的控制。

## （二）加强集中管理

我国企业应用财务共享这一模式较晚，在一些流程上还存在着一定的不足，使得一些工作流程无法迎合企业员工工作需要，无法有效地开展财务共享模式。财务共享模式作为一种集中性管理体系，其主要是运用服务端以及客户端分离的形式，来重新界定集团和各个子公司之间的业务关系，将财务管理工作进行标准化，划分到财务共享模式中，提升财务管理工作人员的集中性。通过加强集中管理的方式，将流程进行标准化，确保财务管理工作人员按照工作流程来开展财务管理工作，提升工作效率，确保各项数据信息的传递、交互、控制等的畅通。另一方面，企业要根据各项规章制度，制定可行、详细的实施细则，并成立专门的监督管理督导部门，负责日常事务的监管等工作，确保财务管理工作人员按照流程来开展财务管理工作，利于加强内部控制，降低财务风险。

## （三）优化内部控制手册

财务共享模式下，企业的财务管理业务流程也发生了重大变革，总账、应收、应付、费用报销、会计档案管理等业务均交由共享中心来处理，为确保内部控制的有效性，就要重新进行风险评估，重新编制或修订企业风险清单和内部控制矩阵。企业要加强内部控制检查评价，依据内部控制手册，与经营管理实际相融合，扩展检查评价的广度和深度，认定内部控制缺陷，形成评价结论，持续改进内部控制。

## （四）加强风险管控

财务共享模式使得财务部门职能发生转变，财务人员转型，减少了基础、琐碎工作，财务人员将更多的精力放到了财务管理、内控和风险管控上，为企业决策者提供了有力的决策依据，有效避免了各类风险。但是，会计对业务的控制力减弱，加之财务共享模式业务处理流程长、环节多、工作量大等因素，使得作业高峰期存在信息质量缺陷和内控合规性风险。为此，企业应建立相应财务质量和风险控制体系，加强审核、稽核、复核和抽检等专业化的管理手段，识别存在的风险，并采取针对性措施及时应对。

### （五）建设财务共享服务智能"云"平台

通过连接和数字化改造，实现了财务与业务的实时连带发生，构建满足内部控制要求的流程。把前端销售、物流线上化，同时将后端的财务、采购、内部资源配置与前端的新模式进行匹配。

基于"互联网＋"和商业智能技术，财务共享平台涵盖了共享中心的所有基本模块，还增加了外联模块。财务共享云与携程、12306等商旅网站互联互通，通过移动填报、移动审批、移动查询等应用，员工能够随时随地进行业务处理，减少报销过程中人力资源的投入，消除单据在流转过程中的安全隐患，提高企业协同效率，提升财务共享中心服务水平。单据流转的每个节点可随时调阅原始单据扫描的影像信息，解决共享模式下跨地域业务处理的难题，实现票据影像与实物统一管理，打通全电子化、可视化的财务共享中心业务流程。实现预算、费用、资产、合同、资金、核算等数据连动与共享，内部控制能够在业务发生各个环节发挥作用，进行有效稽核，堵住漏洞。

实现银行与企业互通，将系统对接，实现集中支付。通过财务云系统进行费用的申请与审批，实现事前控制；业务完成后，在系统中及时完成凭证审核，实现事中控制；审核无误的业务费用在系统中集中支付。银企之间信息的互联互通、数据资源的共享及各节点的把控实现了有效的内部控制。

### （六）加强人员培训

财务管理人员是财务共享模式的应用者，财务共享模式作为一种全新的财务管理模式，融入了大量的先进思想理念，具有极强的创新性，对财务管理人员提出了更高的要求。企业为确保财务共享模式下内部的有效控制，就要加强人员培训活动，及时更新员工的思想理念，提高他们的专业技能，提升综合素质，更好地开展财务管理工作，服从企业财务管理要求。另外，企业还需制定绩效考核机制，对员工展开绩效考核，及时找出员工工作中存在的不足，并开展针对性的培训工作，确保员工达到工作岗位要求，还要给予优秀员工适当的奖励，以提高他们的工作积极性，激发工作主动性。

# 第八章　财务管理信息化

## 第一节　成本管理的信息化

### 一、成本管理的目的及内容

#### （一）成本管理的目的

传统的成本管理以节约为目的，强调成本的节约。节约成本是企业成本管理的主要依据，从降低生产经营成本到尽量避免某些费用的发生都是成本管理的内容。

随着市场经济与企业管理理念的创新和发展，企业成本管理的目的是提高成本的投入产出效率。在成本效益观念的思想指导下，从投入与产出的对比判断投入成本的必要性与合理性。换句话说，就是如何投入最少的成本来获取最大的经济效益。成本管理的主要内容是研究成本增减与企业收益的关系，制定出能够实现收益最大化的成本预测方案和决策方案。

#### （二）成本管理的内容

传统成本管理的重点是产品物料成本的管理，同时加强对生产过程中的成本分析与成本控制。现代成本管理是传统成本管理的重大突破，管理范畴不局限于生产过程，还包括市场、销售和研发，甚至延伸到售后服务。成本除了产品物料成本外，还包括研发成本、营销成本、物流成本、售后成本等。同时，更加关注非物质成本的管理，如人力资源成本、产权成本等。

总的来看，现代成本管理涉及的对象较多，不仅包含了生产成本、采购成本等物质成本，还包括人力资源成本、产权成本等非物质成本；延伸的范围广，从生产到研发、销售以及售后等多个环节。企业管理层通过成本信息分析产品盈利情况、销售情况等，从而制定出产品组合决策、定价决策等一系列决策。

成本管理的过程可分为成本核算与成本控制两个部分。成本核算是成本控制的前提，有了准确的成本核算信息，成本控制才能有的放矢，提高成本投入的产出效率，获得更高的收益。

### （三）成本管理的方法

1. 价值链分析法

将价值链分解为与企业战略有关联的各种经营活动，了解成本的特性，分析产生成本差异的根源。

2. 目标成本法

该方法在设计、开发新产品或新服务时经常被采用，使新产品或新服务具有较强的成本竞争力，在生命周期内就能达到预期利润。目标成本法有时也用于降低现有产品和服务的成本。

3. 产品周期成本法

该方法用于计算产品、服务或品牌从研发到退出市场期间的总成本与盈利能力。

4. 成本动因分析法

分析影响作业成本的因素并为因素排序的方法。成本动因分析法在不同层面的成本管理中都可应用。

5. 对象成本法

根据作业清单或流程清单计算产品、服务、品牌的技术。

6. 作业成本管理法

作业成本管理法是一种新的成本管理方法，对企业内部改进与价值评估等方面有重要意义。根据通过作业成本法获取的成本信息，实现对整个生产流程的成本控制。作业成本管理法的中心在作业的管理、分析和改造上，能够实现系统化、动态化，是具有前瞻性的成本控制。

## 二、成本核算信息化

### （一）成本核算信息化的必要性

由于易受多种因素的影响，传统手工管理模式下的成本控制很难实现对各个环节的最佳控制。随着生产自动化的发展，产品的种类细化、产品分类复杂化，传统的以人力劳动为主的粗放型成本方法已无法适应现代企业管理的发展和需要。现代企业需要一个既能对成本实施全面监控、管理、协调与计划，又能实现企业各项业务活动都面向市场的一个集成化系统。ERP 不仅能够提供全套的物流方案，还能对企业生产流程的全过程进行监控与优化，也为企业的成本管理提供了强大的控制功能和丰富的分析功能。成本管理信息化是经济全球化、知识信息化的必然要求，建立成本管理系统是顺应时代发展潮流的必然选择，也是企业提高市场竞争力与经营能力的必然要求。

### （二）成本核算信息化的主要内容

成本核算信息化主要包括成本中心核算。订单成本与项目成本的归集与核算、产品成本的核算、成本收益分析、利润中心会计、附有管理决策的执行信息系统以及估计标准成本。

1. 成本中心核算

成本核算信息化应具备成本预算、标准成本与实际成本之间的差异对比，制作成本报告、成本分析等。凡涉及成本的信息都会在对应的成本中心记录下来，再进行分别核算。核算的数据会同时或定期以批次的形式发送到产品成本模块和获利分析模块中。

财务会计会将基本数据与总分类科目记账发送到管理会计模块中。并且，记账凭证中的科目指定条款被扩大到不同的辅助科目指定条款。在成本核算系统中，不仅能记录初级成本，还能记录与该成本相关的条目性质，如时间、单位、数量等。如果企业使用的是外部会计系统，可通过数据接口向管理会计模块中传送所有记账业务流程和初级成本要素。

在一个核算结果数据组中包含了项目层次上与管理会计相关的所有信息，可实现数据的独立保存，而不与总分类账和明细分类账的归档期间产生关联。在数据保存期间内，管理会计模块中的信息系统能够直接从财务模块中抽取原始凭证。

2. 订单成本与项目成本的归集与核算

项目成本与订单成本的归集与核算需要供应链的上游厂商与下游厂商的协作配合才能实现。成本系统会收集并过滤成本信息，通过对比计划与实际结果实施对项目与订单的监控。同时，成本系统还提供了备选成本核算方案和成本分析方案，促进企业其他业务活动的展开。

3. 产品成本的核算

产品成本核算功能除了可进行成本核算与分摊成本外，还能针对单个产品或服务进行成本分析，收集物流、技术方面的数据信息。除此之外，产品成本核算模块还可监控成本结构、成本要素和生产运营的过程，预测单个对象或某个整段时期的成本。产品既能是有形的物质产品，也可以是服务、技术等无形的产品。核算产品生产成本的目的在于确定产品的制造成本与销售成本，通过对比优化产品的制造成本。成本核算得出的数据是产品定价的重要依据。产品制造成本的核算为存货评估提供了依据。

4. 成本收益分析

成本收益分析是估算、衡量投入与产出的一种方法，帮助企业解决如哪种产品会获得最高收益、订单的成本与利润的构成分配等问题。成本收益分析会向销售模块、市场模块、战略经营计划模块等提供第一手的面向市场的信息，企业管理层通过这些信息判断企业在现存市场中所处的位置，评估新产品的市场潜力。

### 5. 利润中心会计

利润中心会计模块为需要定期进行获利能力分析企业提供信息和方案。利润中心会计通过收集业务活动成本、运用费用、活动结果分析等信息，评估各业务领域的获利能力与效率。

### 6. 附有管理决策的执行信息系统

系统收集数据、准备数据的能力决定了决策过程所需的信息质量。执行信息系统拥有一个可从不同部门收集包括成本发生在内的各种数据，并将其汇总、加工为支持企业决策的信息。

### 7. 估计标准成本

估计留置库存中产品的标准成本，通常用于估计指定计划期间如一个会计年度内的产品标准成本。估计产品标准成本能够明确生产产品和销售产品的计划成本，无须考虑客户的购买时间和订购频率。

在估计产品的标准成本时，可由投料量核算直接物料成本，通过计划价格评估计划数量获取直接物料成本。物料的间接成本以附加费的方式应用。生产成本的核算通过成本计划期间内确定的作业类型及其价格进行。因此，所有操作都应明确产品的计划数量。通常情况下，需在一个工作流程中完成确定产品计划数量的操作。如果证明了生产的间接成本不包含在作业价格中，那么可以以附加费用的方式确定。此外，管理费用、运输保险费用都与生产产品的计划成本有关，通过计划手续费率实现。

## 三、成本控制信息化

### （一）流程化的成本控制

在缺少信息支撑的环境下，流程化的成本控制标准与控制流程之间无法形成有效联系，控制流程无法及时获取控制标准和成本控制执行情况的差异数据。目前我国企业在成本控制方面仍存在一些较大的问题。现代成本控制在我国发展较晚，多数企业仍没有形成统一的成本管理平台，实施统一管理和数据共享。在成本控制软件开发上仍有不足，缺乏有效的流程管理工具和分析监控工具。成本控制信息化建设不完善，某些流程的执行仍依靠人工操作，影响工作效率。

### （二）成本控制协同工作平台

成本控制协同工作平台是一个以网络为基础构建的系统，可以提供成本控制与费用控制方案，且能落实到员工层面的费用控制。基于网络构建的成本控制协同平台不需要对客户端进行维护，无须考虑客户端，可随意升级应用软件。财务人员可随时随地登录成本控制协同工作平台，操作简便，容易学习。

### （三）成本费用控制的具体需求

成本费用控制是一种多维度的费用控制，根据不同的维度要素，如部门、科目、费用标准等实施成本控制，也可以根据费用类别进行控制，如规定的某种类别为严格按照标准执行的一类，某种类别为可不受硬性约束的一类，如果超出预算则需说明超出原因。使用者可自定义预算控制层级和审批流程。成本费用控制的目的是实现费用支出与资金支出的事前控制与实时控制。

### （四）成本费用控制思路

在成本费用控制系统中，预算控制与日常审核流程形成了有机结合，审批过程可在业务活动发生前完成，实现了事前控制。在审批过程中，审批人与业务活动发起人都能从成本费用控制系统中获取该业务活动的预算数、预算执行数等预算信息，根据这些信息对业务活动进行分析和判断。

### （五）预算控制方案

在成本管理系统中，可根据企业的要求及财务工作的特点自定义单据、模块的功能和业务流程等。审批机构的设置支持成本管理系统科目的多级设置，还提供设置审批上报的限额、计划期间的超支比例、超支后的控制方式等功能。使用者可根据自身需求进行调节，使预算控制力度与执行力度更加灵活可控。针对任何费用的申请，系统都可提供个性化的控制逻辑和控制流程。

可根据企业的不同业务设置审批流程，也可根据企业组织架构、科目类别等其他角度定义审批流程。此外，还可根据需要设置多人审批模式。

通过预算控制可实现企业内部不同层级的预算控制，实施不同的预算控制规则，采用不同的控制流程、审批级次和审批额度，满足企业在资金支付与预算控制方面的层次化管理需求。

## 四、作业成本法

### （一）传统成本方法的缺点

1. 管理层关注重点

随着市场竞争的日趋激烈，越来越需要强化企业内部的管理。对于成本信息的准确、及时、可控也就更加重要，企业内部的战略层面、策略层面和经营层面对成本信息的需求也越来越复杂。

随着市场经济的发展，市场竞争的日益激烈，企业内部管理对企业发展的影响越来越大。特别是对成本信息的管理和利用，对企业战略与经营策略的制定、企业的经营管理都影响巨大。

从企业战略层面看，准确、可靠的成本预算是制定战略决策的重要信息依据，通过成本预算可推测出前景良好的市场或产品、分析企业及其竞争者在市场中所处的地位、科学定价以提升产品定价的竞争力、确定企业应与供应商和客户建立的关系、判断提高现有产品和市场组合的盈利能力的方法或策略等。

从企业策略层面看，准确、可靠的成本预算是优化企业资源配置、提高产品开发效率的重要依据。通过成本预算可使企业的资源及其利用率情况明确，分析提高资源利用率、优化资源配置的方案；评估产品定价的合理性；分析、制定在确保产品质量和服务质量的基础上控制成本的策略和方案。

从企业经营层面看，通过成本信息能够更好地制定企业资源的使用方案，提高资源的利用效率。根据成本信息可以分析成本的驱动因素，制定控制成本的策略和方案；制定评价工作效率的标准、决定预算的标准以及预算超支的责任认定标准；制定衡量目标的成本基准；分析绩效系统对业绩的影响等。

2. 传统成本分摊方法的局限性

（1）传统成本计算方法的局限性

采用传统的成本计算方法，由于计算速度慢，计算方法的落后，无法为各部门、各层级提供准确、实时的成本信息，且只能提供根据成本费用科目得出的账面成本信息。制作的成本报表，内容与格式都较为单一，无法满足不同部门不同层级的成本管理需求。在成本信息中，无法提供准确、详细的产品信息与客户成本信息。此外，成本信息的查询、分析与规划也较为耗费时间和人力。

（2）传统成本分摊方法对现代化经营的影响

随着市场经济与现代信息技术的发展，以物资需求计划为核心的管理系统在企业中的应用越来越广泛。同时，随着生产规模的扩大，制造的集成化，传统成本分摊方法造成了产品成本信息与显示脱节的情况，造成了严重的成本扭曲。扭曲的成本信息自然无法做科学、准确的决策，最终会影响企业战略、决策的制定和盈利能力。

在现代化生产经营管理中，传统成本分摊方法的局限性被进一步扩大，这些局限性是与生俱来的，无法改变的。并且，随着经济全球化的发展，国际性竞争的日益激烈也成为促进这些局限性进一步扩大的因素。随着企业生产经营环境的变化，生产经营的成本费用在企业总成本费用中的占比越来越高，类型也越来越多。一方面，固定制造费用在总成本费用中的占比增加，直接人工费用的占比下降，制造费用的分配率过大容易导致产品成本失真。另一方面，与工时无关的费用越来越多，且增长快速，而采用不具因果关系的人工对这些费用进行分配必然会导致虚假成本信息的产生。

上述问题都会掩盖成本发生的实质，造成成本扭曲，影响企业战略、决策的准确性与可靠性。

### （二）作业成本法与作业成本管理

作业成本法也被称为作业成本分析法、作业成本核算法，是一种先进的成本核算方法和控制方法。作业成本法最初在美国被广泛应用，后来传入英国、加拿大等地，随后火速传遍全球，在多个国家得到了推广和普及。最初，作业成本法只用于制造行业，逐渐扩展到保险、金融、医疗卫生等其他行业领域。作业成本法能够深入分析成本的形成过程，反映作业消耗资源的速度，能够及时发现并控制低效或无效作业，在过程中实现对成本的有效控制。

作业成本法能够为企业内部各部门、层级提供全面的、准确的、多层次的、详细的成本信息，也能为企业外部提供相应层面的成本信息，可根据成本信息的用途提供不同分类标准的成本信息。除提供成本信息外，作业成本法还可预测、规划企业的未来成本。

作业成本管理是以作业成本法为基础的新型集中化管理方法，通过计量作业与作业成本计算出产品的成本，并将成本计算落实到作业的不同层次，最终达到增加企业利润的目的。作业成本管理将成本管理深入到作业的各个层次，形成成本链分析，如作业分析、动因分析等，为决策层提供准确的成本信息，精简或消除低效与无效作业，指导企业有效地执行必要作业，降低作业成本，提高作业效率。

## 五、作业成本管理的信息化

以作业成本管理系统为基础开发的作业成本管理应用软件具有强大的处理复杂数据的功能，以作业成本管理思想为指导，进行动因分析、资源分析、作业分析，并将发生的成本按照资源、动因、作业进行分类归集和汇总，报告各项作业信息。

作业成本管理系统既可以作为一个独立的、综合性成本管理软件使用，也可与企业现有的管理模块配合使用。在已全面实施 ERP 系统的企业内，通常会将作业成本管理系统作为成本管理功能中的子模块嵌入 ERP 系统中。无论是独立使用还是与其他管理系统协调使用，在开发和应用作业成本系统时，既要满足企业对成本管理的需求，又要考虑到与其他系统的协调使用，使作业成本管理系统更具灵活性与适用性。

### （一）基于作业成本管理的精细化成本核算系统

以作业成本管理为基础的成本核算系统主要有基础数据模块，主要用于各功能的基础设置，如业务设置、系统配置、作业成本管理设置、管理模型设置等；成本计算模块,主要功能有采集数据、成本标的与成本过程的计算,作业计算、成本过程查询等;成本分析模块,可进行成本分析、作业过程分析、成本的规划与查询,还可进行分层次、分过程的分析与查询。

成本核算系统十分灵活,可根据不同需求进行个性化设置。如基于企业具体的业务情况自定义活动、作业、作业中心、作业库、产品分类、产品及成本的设置等。基于作业成本管理的基本原理,可自定义系统的成本科目、成本费用、活动信息、动因等。基于企业业务数据和作业成本管理数据的对应关系,可设置作业成本管理模型,实际上就是通过作业成本管理的方法表现业务流程和业务数据。使用者可根据具体的业务情况设置不同的成本管理模型。

作业成本管理的实现需要业务系统与成本管理系统的协调配合,因此,作业成本管理系统的数据采集接口具有较强的灵活性与适应性。既可以通过企业的信息系统获取数据,也可以通过人工手动输入数据。数据的转换与传递既可以通过数据转换工具,也可以通过导入导出的方式实现。采集数据的方式也非常方便、灵活。灵活、便利的数据接口可使作业成本管理系统与 ERP 系统的相应模块实现对接,如财务模块、生产模块、库存模块等,并能直接从这些模块中获取成本计算、成本分析的必要信息,加强了作业成本管理系统对企业业务系统的控制。

作业成本模型采集相应数据后即可通过作业成本系统计算成本。系统提供的成本计算功能要比传统成本核算功能更加强大,不仅可以计算过程成本,还可计算作业成本与成本标的成本。并且能够结合业务的实际情况实现多层次、多角度的成本计算。除此之外,作业成本管理系统还提供辅助部门费用的交互分配模型;根据成本信息进行成本趋势分析、成本规划、盈利分析等成本分析以及项目成本查询、产品成本查询、沉没成本查询等成本查询,并能根据成本情况提供报价分析。作业成本管理系统还可按照产品、订单、客户、工序等不同维度及多个维度组合进行成本分析和查询。

作业成本系统将成本核算深入到作业,能够提供不同作业环节的成本结构信息,并能查询产品成本结构、分析成本结构变化的过程。可通过历史产品信息模拟新产品、新订单等的成本,为新产品、新项目的定价决策提供数据支持。

### (二)作业成本信息化案例

1.ADD 公司的现状

ADD 公司是隶属于某大型集团企业的专业子公司,负责集团国内陆上物流业务。2017 年 3 月,ADD 公司开始搭建汽车运输网,开展快运业务的运营。主要是通过公路运输的方式为客户提供零担运输服务。作为集团企业的一分子,ADD 公司一直以集团企业的财务信息化平台与财务管理经验为依托,在财务管理方面也形成了一定的基础。然而，开展全新的运输模式却对企业现有的成本管理方法提出了新的挑战。

2. 物流企业面临的成本管理困境

20 世纪 80 年代物流的概念传入我国，经过几十年的发展，我国已形成了一批具有较强实力的物流企业。但从全球物流行业的发展来看，我国物流行业的整体效率仍然较为落后，物流成本也比其他国家高出许多。

随着经济的发展，产生了第三方物流的概念并被各生产企业广泛接受，企业能将有效的资源更多地集中在增强企业核心能力方面，生产供应物流以及销售配送物流则委托第三方物流企业完成。物流产业的飞速发展也使得物流企业间的竞争更加激烈。从实质上来看，物流行业竞争的关键点在于运输服务的质量以及运营成本的控制，加强成本管理，才能在日益激烈的行业竞争中占据更大的优势。因此，物流企业的管理层对成本管理的关注程度越来越高。物流服务是物流企业经营的核心产品，这种通过服务网络完成的服务商品，对企业计算成本、制定产品定价策略、企业运营成本的计算方面都提出了挑战，也是企业管理层需重点考虑的问题。

由于物流行业自身存在的特点，物流企业的成本管理也有其独特之处。第一，运输货物的类型、运输路线、运作方式、客户都是决定产品分类的重要因素，因此，物流企业的产品分类更加复杂、类型更为多样；第二，物流企业要承担更为高额的间接费用，除包装材料可以直接追溯来源外，物流企业的费用基本上是间接费用；第三，作为网络型企业的物流企业，需要一个庞大的服务网络支撑企业的运行。通常情况下，需要两个以上的服务网点分工协作才能支撑物流活动的运行；第四，物流企业的服务具有较高的外包特点，如货物仓储、超范围递送、干线运输等都可以交给外包公司协作完成；第五，物流企业对信息系统的依赖性较强。货物状态跟踪、客户查询、运输监控、客户服务等都以信息系统为载体。

综合上述物流企业的特征，物流企业的成本管理关注的重点为企业盈利能力分析、资源产能分析以及产品定价决策、作业流程优化等。

传统成本核算方法以传统的分配观为指导，无法将高额的间接费用分摊到种类繁多的产品上。并且，传统成本核算方法无法针对不涉及成本发生的过程，因此，无法将物流企业的外包成本、网店成本等串联为产品的成本。

可见，传统成本核算方法提供的成本信息，在准确性和详细程度上远不能满足企业的需求。

3. ADD 公司存在的问题

快运业务是 ADD 公司开展的全新业务，采用的运作模式也与以往其他业务完全不同。快运业务对于信息网络的依赖性更强，主要采用网络化运作，关注的是整体的运行效率而不是局部线路或局部地区的盈利能力。这样的特点决定了快运业务的成本结构与其他产品的成本结构具有较大差异，对企业现有的成本控制与成本管理提出了以下新的挑战。

（1）站点收益的考核。站点收益的考核需要多个城市网店的协作配合才能完成。每个城市的网店也会代替其他作业点提供派送服务或作为中转，同样的，对方也会为其提供相同的服务。然而，由于货物在不同方向上流量本身的不平衡性，这种交叉服务使一个站点实现了收入，而成本则由其他各站点提供，造成了站点收入与成本的不对称。当企业在考核网点收益时，一般会采用回归成本的内部结算方式，如此，所有成本就会落在实现收入的网点身上。因此，准确地核算其他网点为实现收入的网点承担的成本是内部结算的核心。而 ADD 公司现有的成本核算方法无法完成这样复杂的成本核算，因此，内部结算中的成本回归是 ADD 公司当前存在的一个问题。

（2）间接费用的分配问题。高额的间接费用是物流企业的一个重要特点，而如何合理地分配间接成本到种类复杂的产品上是企业核算的另一大难题。ADD 公司现有的成本分配实行的是平均分配的做法，无法真实地反映出实际成本的归属，同样会对网点考核的准确性造成影响。

（3）产品盈利分析的问题。物流企业产品的复杂多样，企业盈利分析需从运作模式、货物类型、客户等多种维度进行。多维度的分析要求收入分配与成本分配要按照多维度进行。而 ADD 公司现有的成本核算方法既无法准确计算出间接成本的分配结果，也无法准确计算出产品成本，无法良好地进行产品盈利的差异性分析，从而对企业产品管理与客户管理造成影响。

（4）衡量外包和自有的价值。物流企业具有较高的服务外包性，如超范围递送、仓储服务以及干线运输，都是经常委托给第三方协作企业完成的。但是，ADD 公司现有的成本核算方法，无法保证间接费用分配的准确性，且无法计算出复杂产品的成本，使得外包服务的成本预测产生困难。缺乏科学、有效的成本信息，使得企业管理层无法准确地衡量外包价值和自有价值哪一方面对企业价值的贡献更大，影响企业决策的科学性。

（5）制定产品价格的问题。价格之于成本的敏感系数很大。运送货物的重量、路线、件数、票数以及时限要求等因素与零担业务的成本息息相关。ADD 公司现有的核算方法无法提供准确、可靠的成本信息帮助企业管理层预测产品成本。成本预测是产品定价的重要基础，缺乏科学、准确的成本信息支持，制定合理的产品价格将会非常困难。

（6）选择最优路由的问题。物流企业十分依赖运输线路的规划。对于物流企业而言，无论是产品的分类还是制定产品价格等都与运输路线息息相关。面对复杂的物流网络，ADD 公司现有的核算方法只能对某种产品的成本进行简单核算，产品在线路上的成本则无法计算出来。如此，企业便无法根据线路成本信息选择最优路由方案。

物流网络是物流企业业务运行的基础，毫无疑问，整个物流网络的利益最大化是必须实现的。但是，在实现这个目标的同时，如何在具体的业务过程中控制各区域间的成本，找到一个既能得到有效数据支持，又能做出精确计算的成本核算方法，是当解决 ADD 公司当前困境的关键。

### 4. 作业成本法应用于 ADD 公司

ADD 公司面临的第一个挑战就是选择适合企业目前状况的成本管理方法，实现企业价值最大化的目标。因此，ADD 公司引入了作业成本管理法。将企业消耗的资源分配到作业上，再将作业分配到成本上，是作业成本管理法的核心思想。在成本核算中引入"作业"的概念，相比于 ADD 公司曾经的成本核算方法，作业成本法能够更加客观地反映资源与成本对象的关系，从而能够准确、精细地核算成本。同时，作业成本法相比于 ADD 公司过去的成本核算方法，采用了更加符合 ADD 公司当前经营状况与业务运行情况的成本分配观，主张作业消耗资源与产品耗用作业采取多用多分、少用少分、不用不分的原则。从而避免了由平均分配观造成的成本扭曲，使成本核算变得准确、可靠。

作业是作业成本法的核心，成本发生的过程是计算成本、管理作业的主要脉络。作业成本法注重因果的分配观和过程的分析观，能够解决物流企业高额间接费用的分配问题，串联分散在各地的网点成本为某一成本对象成本，解决了物流企业在成本核算上的两大难题。

### 5.ADD 公司构建作业成本核算模型

为了使作业成本法更好地在快运业务中运用，ADD 公司还聘请了咨询顾问进驻公司，帮助 ADD 公司厘清成本流动过程和发生成本的各种因素，以及各部门需要担负的成本责任，为构建成本控制系统打下良好的基础。咨询顾问在详细了解、分析了 ADD 公司的运用情况后，开始设计符合 ADD 公司的作业成本核算模型。

（1）模型框架的构建

咨询顾问将 ADD 公司快运业务的成本划分为主营业务、管理费用、营业费用、操作费用、其他费用五个大的类别，其中，财务费用、税金、营业外支出等都归类为其他费用。费用归集的最小部门是站点。建立作业成本核算系统主要是为了在保障企业成本效益的基础上，合理、准确地将这五大类成本费用分配到企业的产品中去，为快运产品的定价、网点绩效的考核以及企业成本管理工作提供精确、可靠的基础信息。

（2）定义各要素

确定了作业成本核算系统的框架后便可进行系统的搭建。结合 ADD 公司快运业务的实际情况为各要素进行定义是搭建系统的第一个步骤，如科目定义、资源类别、活动类别、产品定义等。

在作业成本核算系统中，会将快运业务的实际科目数据划分为营业费用、操作费用、管理费用等，这些费用也会与实际资源相对应。资源类别与科目数据相对应，分为营业类资源、操作类资源、管理类资源等。根据活动对应的资源类别和业务情况分为综合管理财务、销售市场以及取货与配送等。产品定义需要根据货物类型、运输方式、时限条件等多种维度进行。

（3）分配依据的建立

在对各要素进行定义的过程中，建立了科目与资源的对应关系，目的是将成本科目的发生额分配到与其相对应的资源中。建立科目与资源的对应关系，首先需建立科目与资源类别间的匹配关系，之后再确定将成本科目的发生额分配到资源的依据。

建立资源与活动的对应关系，包含两层内涵：一层为资源与活动相匹配；一层为确定资源动因，即资源消耗与不同活动的分配比例。

建立活动与产品的对应关系，分为三个步骤：先建立活动与产品间的匹配关系，再确定活动动因，即活动成本分配到的产品依据，最后再根据活动动因将成本分配到产品中。

6.实施信息化管理

物流企业对信息网络的依赖性非常强，由于业务数据庞大，没有信息化工具就无法真正实现作业成本法的应用。在ADD公司案例中，设计的作业成本核算系统模型中主要包括基础数据、模型设置、数据采集、成本计算、成本分析、成本预测几个模块。

ADD公司的信息化管理除了需要强大的信息化工具外，还要实现作业成本核算系统与ADD公司现有业务系统的互联，作业成本核算系统能够定期从业务系统中获取数据。同时，通过计算机能够实现从多个维度对产品成本进行细致的综合查询与分析。通过历史加权平均的单位作业成本可进行成本预测分析，如路由成本分析、项目成本分析等，还可根据产品的收入站点，设置自动成本回归。

7.ADD公司应用作业成本法取得的成果

ADD公司在运用作业成本法几个月后，公司在快运业务中遇到的问题逐渐被解决。

（1）实现了成本的深入分析

运行了作业成本法后，快运业务被细化为不同的"作业"，不同的作业具有不同的动因，可以根据不同的动因分配间接费用，使产品成本分配的准确性得到了极大的提高。除此之外，不同网店与外包单位为路由、项目、客户提供的活动，在经过组合后能够得到相应维度的成本信息，企业的盈利情况也可以从多个维度进行分析。

（2）为产品定价提供了准确的依据

作业成本法能够清晰地揭示出作业成本与成本动因间的因果关系，在确定了成本预测对象的动因后，就可以通过历史单位的动因成本预测未来成本。

在通过预测成本制定产品定价策略时，将客户需求分解为不同的作业进行预测，无须考虑客户需求的变化便能直接获取准确的数据。同样的，路由优化的成本预测也如此进行。只要在企业物流网络范围内，确定了物流的起点、终点和中转地，就可以预测出该路由的成本。如此可为运输部门提供准确、可靠的信息选择最佳路由。

（3）为企业提供准确的业绩信息与效率信息

运行作业成本法后，可按作业分解各作业点，以项目或路线为主线，将系统中属于该项目或路线的成本全部归集起来。通过这种成本归集的方法，获得产品在各站点成本的总和，最终形成了产品的完整成本。如此，既解决了内部成本回归的难题，也为产品的营利性分析提供了准确的数据，加强了企业对产品的管理与市场决策的制定。除此之外，作业成本核算系统还可计算各级分支机构的作业单位成本和资源利用效率，为企业资源优化配置与作业流程优化提供了重要依据。

8.ADD 公司运行作业成本法的经验总结

引入作业成本法对 ADD 公司原本的成本管理过程进行改进，实质上是对公司现有的管理方式进行重大的调整。作业成本法的引入从根本上对企业资源配置的优化、运行效率的提高具有重要意义。

ADD 公司在实施作业成本法的初期也遇到了各种问题，总结为以下四点，为其他物流企业提供一些经验。

（1）最高管理层支持的重要性

作业成本法的推广不是仅靠企业财务人员就可以实现的，企业管理层的重视与支持才是最重要的，管理层在观念上的普遍接受与应用才能落实作业成本法的推广与应用。管理层观念上的改变与接受才是作业成本法推广的重要前提。此外，作业成本核算系统与企业管理系统的互联也需要取得管理层的接受与支持，才能真正实现两个系统在企业管理系统中的相互配合，充分发挥两个系统的作用。

（2）切忌舍本逐末

在实施作业成本法的初期，若过分追求信息的准确性反而会为系统初期的实施与推广造成困难。比如，动因的选择不必追求全面与细致，只要找到与成本相关性联系最大、最重要的因素即可，这是因为在独立的作业中，不是所有的成本都与同一个动因呈正比例关系或关系密切。如果选择太多动因就会使作业中心的成本核算工作无法顺利进行。

在确定动因时，除了数量难以确定外，还会经常遇到动因数据不易获取的问题。

例如，没有相应的数据记录，或在现有的系统中没有可利用资源的动因数据。尽管作业成本核算系统反映的数据更加详细，但也不是说动因越细越好，而应该有目的、有重点地选择成本动因，保障系统最大可操作性。

综上所述，在实施作业成本法的初期，要先抓住重点，再逐步调整和改善。要始终把握明确的目标，做好准确性与复杂性之间的取舍权衡，结合既定目标选择成本信息的精确程度。对成本信息的要求越细，精确度越高，则作业成本系统的工作越复杂，成本搭建与维护的成本也越高，这样控制成本的做法未免得不偿失，本末倒置了。

（3）明确作业成本法的推行范围和手段

网点众多、遍布全国是物流企业的一大特点，ADD公司只有在所有物流网点中进行推广才能真正体现出作业成本法的价值。但是，在企业推广作业成本法时，如何做到既能提高推广效率，又能降低推广成本，是企业在推广作业成本法之前需要重点考虑的问题。

由于物流企业业务数据庞大，作业成本法的实施需要依靠强大的工具软件。同时，业务系统所提供数据的质量也对作业成本法的实施效果有直接影响。

（4）成本管理是一个长期、动态的过程

成本管理并非为满足短期目标而进行的，如果只考虑短期目标的实现，那就仅需要找出所有的成本流程、成本动因以及适当的支出项目并进行分配即可。管理本身就是一个动态的过程，成本管理也是一样的。ADD公司运行作业成本法后公司发生了良好变化，但从根本上实现企业资源的优化、提高企业运行效率则需要一个长期的过程，需要按照成本控制的要求调整企业业务流程，坚持革新、勇于创新。

作业成本法能够精确地计算出各项成本信息，企业根据作业成本法提供的成本信息能够消除无增值作业，改进作业流程，合理控制成本。根据作业成本法对作业完成情况与消耗资源的分析，结合技术与经济因素，在动态中改进作业方式，促进资源的优化配置。此外，作业成本法还可对价值链与作业链进行分析，促进作业流程的理想化发展。

9. 作业成本管理

作业成本管理是以作业成本法作为成本确认与计量的手段，以成本分析的成果进行流程优化与管理。作为一种全新的管理方法，通过作业成本法提供的成本信息，对企业全流程进行系统化、动态化的成本控制，对企业内部改进与价值评估具有重要意义。

作业成本管理的关注层面深入到作业层次，在作业成本管理体系下，企业管理层能够清楚地了解到企业增值流程、关键流程，将关注重点从过去的产品与服务转移到作业上。从这个层面上来看，作业成本管理与物流企业追求标准化、流程化、客户化的管理理念是不谋而合的。作业管理对企业业务流程的优化主要有以下四种方式。

（1）作业消除，是指消除无增值的作业。通过作业成本法深入分析成本，找到无增值的作业并采取相应措施进行消除。

（2）作业选择，是指在多个作业中选择最优作业。不同的运输路线会产生不同的作业，作业不同则会引发不同的成本。在其他一定的条件下，要降低成本就要选择成本最低的路线。

（3）作业减低，指通过改善的方式提高作业效率或短时间内无法消除的无增值作业，以降低企业经营耗费的各种资源。如在成本归集作业中产生闲置资源，可将这些资源进行重新配置达到降低作业成本的目的。

（4）作业分享，是指通过提高作业投入产出比的方式降低作业成本的方法。通过规模经济提高必要作业的效率，如此便可降低作业动因分配率以及分摊到产品上的成本。比如，新产品的设计可优先利用现有产品的资源，如此便可降低新产品的设计作业，从而实现降低成本的目的。

总而言之，作业成本管理不仅是对作业流程的优化，也是对企业流程的再造，通过这些细节的改造最终实现企业质的飞跃。

在有序实施作业成本法改进企业核算方法的同时，企业要将这种改革升华到作业成本管理的层面。对比标准资源成本与实际资源成本，能够帮助企业明确企业资源的利用情况以及资源的运营维护成本。对于那些利用率低、运用维护成本高的资源，企业会结合实际情况调整策略，或者采取一定措施提高业务质量，降低资源的运营维护成本；对于那些超负荷运转的资源，为避免产生资源瓶颈，对企业生产造成影响，可采用购置或租用的方式增加产量。通过对比标准作业成本与实际作业成本，作业效率有了明显提高，节约了企业资源，增加了企业的价值。

# 第二节　固定资产管理的信息化

固定资产在企业资产总额中占有相当大的比重，是企业生产、经营活动的物质基础。那些使用年限长、单位价值高，在使用过程中通常能够保持原本物质形态的劳动资料以及物质设备，都属于固定资产。固定资产的种类很多，构成也较为复杂，主要是用于企业的生产、经营活动，而不用于出售，因此，固定资产的核算管理子系统与其他会计子系统相比有其独有特点。只有了解这些特点才能更好地设计和使用固定资产核算子系统。

## 一、固定资产核算子系统概述

### （一）固定资产核算子系统的含义

企业固定资产通常可分为生产经营用固定资产、非生产经营用固定资产、出租用固定资产、未使用固定资产、不需用固定资产、融资租入固定资产、土地等几大类。不同类别的固定资产设置相应的明细科目。

通过"固定资产""再建造""累计折旧""固定资产清理"等几个账户实现对固定资产的取得、建造、使用、报废清理等过程的核算与管理。在明细科目下，还可设置"固定资产登记簿"和"固定资产卡片"，用于明细核算科目。

在传统的手工核算方式下，固定资产的处理流程通常从固定资产卡片的处理开始，记入固定资产明细账后，每项固定资产在当月的折旧、累计折旧、净值等进行一一计算，汇总后再与总账进行核对。

实现会计电算化后，固定资产的处理流程与传统的手工处理流程基本类似，数据的记录通过计算机录入完成，定义计算公式，计算机便会根据用户的定义自动计算出当月每项固定资产折旧与累计折旧的数据。同时，还可根据用户指定的条件进行统计、查询、汇总与打印等操作。

使用计算机处理固定资产业务，与传统的手工核算方式相比，无论是在速度上还是在灵活度与精确度上都有了极大的提高，极大地降低了财务人员的工作强度与工作量，提高了工作效率。

### （二）固定资产核算子系统的特点

固定资产子系统具有数据量大、数据处理频率低、处理方式简单、综合查询与统计要求高、自定义功能灵活等特点。

企业的固定资产数量非常多，为了便于各部门随时掌握固定资产的详细情况，需在固定资产核算子系统内保存每项固定资产的详细资料，这将会是一项比较庞大的数据，并且这些数据的保存时间会很长。同时，还应留出相应的审计线索，便于企业对固定资产的管理，已经淘汰的固定资产资料也应保留在系统中，因此，有些固定资产的资料会跨年度长期保留在固定资产核算子系统中。

固定资产的详细数据在固定资产核算子系统初始化设置录入后便无须再次输入，相应固定资产的变动数据、折旧信息等只需在日常处理业务中输入变动数据即可。因此，相对于其他会计子系统而言，固定资产子系统的数据处理明显较低。

固定资产数据处理主要是计算固定资产的折旧与各种统计报表、分析报表，因此，固定资产核算子系统的数据处理方式相对于其他会计子系统而言较为简单。尽管计提折旧，计算折旧的工作量比较大，但计提折旧的算法较为简单。所以，从整体上看，固定资产核算子系统的数据处理仍是较为简单的。

固定资产核算系统的数据主要以报表的形式输出，为了满足企业对固定资产核算与管理的需求，固定资产核算子系统应具有灵活便利的数据查询功能与强大的分类统计功能。

在实际工作中，固定资产的信息通常以报表的形式表现。因此，固定资产核算子系统应具备灵活的自定义功能，允许用户根据实际需求自定义报表。此外，固定资产卡片根据企业对固定资产不同的管理需求也会有所不同，固定资产核算子系统也应当具备自定义固定资产卡片的功能。

## 二、固定资产核算子系统的设计

### （一）固定资产核算数据处理流程设计

1. 传统手工核算处理流程

固定资产的核算主要分为两方面内容：一是固定资产增减变动的核算；二是固定资产折旧的计算。

固定资产的购入、建造、出售、投资转出、报废等都会产生固定资产的增值或减值，做好固定资产核算才能如实、准确地反映企业固定资产变动情况和实际数额。当固定资产发生增减变动时需填制相应的凭证，如报废申请、固定资产交接单等，凭证中要准确体现发生增减变动的固定资产的名称、规格、原价、制造单位等。根据固定资产的原始凭证建立固定资产卡片。当固定资产在使用过程中发生变动，如内部转移、停止使用、重大修理等，需要根据固定资产变动凭证将变动内容登记在固定资产卡片中，建立固定资产登记簿，分类别管理固定资产。当固定资产发生变动时，根据相应凭证在登记簿中登记固定资产增减金额，在月末，核算出余额，并与固定资产卡片中记录的原价总值与总账中记录的固定资产余额进行核对。

固定资产折旧费用会以折旧费的形式转移到产品成本中，从产品销售货款中回收成本。固定资产折算方法有平均年限法、双倍余额递减法以及年数总和法三种。

2. 固定资产核算信息化处理流程

（1）固定资产核算子系统的功能。

固定资产核算子系统具备的功能有：固定资产增减变动凭证以及固定资产卡片的输入、固定资产卡片文件的更新、固定资产的计提折旧以及自动转账、固定资产相关账表的输出。

在固定资产核算子系统中，不仅能够输入固定资产增减变动凭证和卡片，还可对卡片进行保存与管理，用户还可在系统中对固定资产增减变动凭证和固定资产卡片进行查询、统计、修改、删除、汇总等操作。同时，系统会根据固定资产相关凭证自动核算固定资产的增减变动情况，并自动更新固定资产卡片的内容，最后在固定资产明细账中登记相应内容。固定资产的计提折旧与分配完成后，系统会生成固定资产折旧计算分配表，并以此为根据自动编制转账凭证，传送至财务处理子系统和成本核算子系统中。

（2）固定资产核算子系统的处理流程

在固定资产核算子系统初始化时，每项固定资产都需在系统中建立固定资产卡片与固定资产卡片文件。当固定资产发生变动或进行内部转移调整时，要根据固定资产变动凭证制作固定资产变动文件，并在固定资产卡片中记录变动内容，固定资产变动文件则在固定资产文件中生成相应的内容。系统会根据固定资产变动文件自动生成固定资产登记簿以及固定资产增减变动表，根据固定资产卡片文件中的科目计算折旧并编制折旧计算表和汇总转账凭证，最后传送至财务处理子系统和成本核算子系统中做进一步处理。

## （二）固定资产核算子系统功能模块的设计

通过上面对固定资产核算子系统功能与处理流程的分析与描述，固定资产核算子系统至少应具备数据维护、增减核算、折旧核算、数据查询、账表输出以及自动转账六个功能模块。

（1）数据维护功能模块，负责固定资产卡片以及固定资产卡片文件的建立与管理，包括录入固定资产原始卡片、设置固定资产使用部门代码、设置固定资产折旧计算方法、定义折旧率等。

（2）增减核算功能模块，主要负责固定资产增减变动数据的输入，系统会将变动数据自动计入固定资产明细账中，同时更新固定资产卡片内容，计算出固定资产月增减数，并记录在固定资产总账中。

（3）折旧核算功能模块，主要负责固定资产的折旧计提与分配，并制作固定资产折旧计算表与汇总表。

（4）数据查询功能模块，可根据企业管理的需求设定查询项目与查询关键字。

（5）账表输出功能模块，按照月度、季度、年度编制固定资产报表并打印。

（6）自动转账功能模块，根据生成的固定资产折旧计提分配表生成转账凭证并传送至财务处理子系统中。

## （三）固定资产核算子系统数据库结构的设计

1. 固定资产代码库

固定资产代码库用于保存固定资产名称与代码。在固定资产核算子系统中，为了方便计算机的计算处理，固定资产都以代码的形式显示。并且，在向系统输入某项固定资产时，固定资产的名称与代码必须是代码库中保存的，否则系统会将该项固定资产视为非法代码，提高了系统的安全性与可靠性。

2. 固定资产类别库

固定资产类别库用于储存固定资产类别名称与类别代码。固定资产类别库与固定资产代码库十分类似，在计算及处理过程中，有关固定资产的类别名称都显示为类别代码。在录入固定资产时，出现的固定资产类别必须是固定资产类别库中存在的名称与代码，否则将会被系统视为非法。

3. 部门代码库

部门代码库用于存储固定资产使用部门的名称和代码。同上述两个数据库相同，输入的固定资产使用部门名称与代码必须是部门代码库中已经存在的，否则将会视为非法。

4. 固定资产库

固定资产库用于存储固定资产的原始数据，也是系统中最基本的数据库，固定资产卡片数据也储存在固定资产库中。

5. 固定资产增减变动库

固定资产增减变动库用于存储固定资产的增减变动信息，数据库中的信息会随着固定资产的增减变化随时更新。

6. 分类汇总库

分类汇总库用于存储在各部门使用的固定资产的原始价值的汇总数。

7. 固定资产折旧库

固定资产折旧库用于存储"折旧计算"后各类固定资产的月折旧额与年折旧额。

8. 固定资产登账明细库

固定资产登账明细库用于存储经登账处理后的固定资产数据，用于库中文件分类、汇总、折旧计算、增减明细表的输出等。

9. 转账格式数据库

转账格式数据库用于存储固定资产增减变动及折旧计算后各会计科目间的借贷关系，为系统生成转账凭证提供信息。

### 三、固定资产核算子系统的数据处理

固定资产核算子系统的数据处理包括系统初始设置、系统初始数据的录入、固定资产日常处理数据的录入、固定资产折旧计算、折旧汇总及转账数据、固定资产卡片的更新、转账凭证的编制、账表的输出。

#### （一）固定资产折旧的计算

固定资产折旧计算的方法在上面提到过，主要有平均年限法、工作量法、双倍余额递减法以及年限总和法。企业可根据自身实际情况选择一种方法，经过财务部门审批后，与计算方法相应的计算公式在系统初始设置中进行设定。

#### （二）固定资产卡片文件的更新

在完成每月固定资产计提后，固定资产卡片文件需要根据当月固定资产变动文件及固定资产内部调动文件的记录更新内容，便于下个月固定资产折旧的处理。在更新固定资产卡片文件时，如果固定资产增加了，只需在固定资产卡片文件中增加记录即可；如果固定资产减少了，需在固定资产备查文件中记录该项固定资产卡片文件，之后在固定资产卡片文件中删除减少的记录；如果发生固定资产的内部调动，需在固定资产卡片中更新使用部门代码，同时，在固定资产卡片文件或固定资产备查文件中记录原来的使用部门。

在系统使用过程中，无论是更新固定资产卡片的内容还是进行折旧计算，都应加强对系统数据的保护，降低错误操作或设备故障对系统数据造成的破坏。

### 四、固定资产核算子系统的输出

固定资产核算子系统输出的内容非常多，如固定资产卡片、固定资产增减变动表、固定资产折旧计算表、转账数据汇总表等。因此，输出功能与模块也是固定资产核算子系统中的重要部分，是体现系统处理成果的重要方式。输出方式有屏幕显示、打印两种。

# 第三节　预算和控制管理的信息化

## 一、全面预算管理概述

预算是以企业战略目标为根本，对企业资源进行分配的一种系统的方法。企业通

过预算对战略目标的执行进行监控,加强对企业开支的控制,预测未来的现金流量与企业盈利情况。全面预算反映的是企业未来某一时期的全部生产经营活动的计划,以实现企业利益最大化为目的,将销售作为预测起点,预测企业生产、成本、现金收支等情况,并根据预测编制预计损益表、预算现金流量表等,反映企业未来的财务状况与经营状况。

## 二、全面预算管理的技术难点及解决方案

### (一)全面预算管理的技术难题

企业全面预算从每年的 10 月便开始准备,直到来年的 3 月结束,其中,各部门预算的收集就要花费 2 个月的时间。在收集预算的过程中,会出现各种问题。初次汇总的结果通常是开支超出预算,无论是企业基本开支还是运营开支,都会高于公司预算指标;针对不同的业务需求分配多少资源没有准确的判断标准;财务部门在预算调整的时间过长,且调整效果不甚理想;由于缺乏信息系统的支持,预算编制和差异分析等工作需手工完成,不仅费时费力,还无法及时发现业务运行过程中存在的问题;各部门都极力为自己争取资源,财务部门又与业务部门是平级关系,因此,横向协调也耗费了财务部门大量精力。

市场瞬息万变,通过静态的预算流程无法保证能够准确地预测来年的预算,预算编制的工作量庞大,工作效率不高,预算很难适应内外部条件的变化。同时,大多数企业中都不具备一个统一的数据共享平台,全面预算的数据只能从各个部门调取,缺乏一定的协调工具使得数据协调极为不易。更为关键的是,对预算的控制能力不强,预算执行的事前控制与实际数据的集中缺乏有效的手段,造成企业预算分析与预算调整的能力较差,预算分析耗费时间较长,无法根据实际情况及时调整预算。

### (二)通过 Excel 解决问题的可能性分析

Excel 拥有强大的数据管理与处理功能,但缺乏协调与管理能力,且无法自动获取预算编制的数据,不能灵活地反映预算数据,因此,Excel 无法真正解决企业全面预算的问题。

全面预算管理需要各部门协调配合,构建一个统一的数据共享平台。由于缺乏有效的协调和管理能力,使用 Excel 难以有效组织企业各部门共同参与预算,控制下属单位的预算模式,也无法形成一个统一的数据共享平台使各部门共同参与预算。

此外,编制预算的工作量庞大,需要设置大量的计算公式、定义表格,Excel 的公式设置与表格定义都需要手工录入,工作负担重。并且,Excel 无法与企业财务系统实现有效整合,不能自动从系统中获取数据,为预算分析造成困难。预算报表模式

的控制不强，报表格式混乱，也无法灵活地反映预算数据，从而满足管理层的不同需求，只能通过编制多种预算表格的方式实现。并且，缺乏信息系统的支持，使 Excel 无法进行预算、及时调整以及滚动预测。

## 三、全面预算管理的信息化

多维数据的支持、广泛的信息接口以及有效的监控是实施全面预算管理信息化的三个基本要求。

### （一）多维数据——支持多维度的预算编制和分析

预算编制、分析的本质是从多个维度描述、分析业务、财务数据的过程，系统应该通过多维模型来存储和管理数据。

预算管理过程当中经常需要快速回答类似下面的问题：

今年各地区的销售收入是如何分布的？今年各月实际销售额与预算之间的差异是多少？今年 3 月份预算损益与实际损益的对比情况如何？今年各大类产品实际销售量的变化趋势怎样？

预算分析的本质是一个多维分析过程，系统应该支持多维数据分析才能满足快速变化的分析需求。

### （二）广泛接口——避免信息孤岛

实际数据分散在财务、ERP、人力资源等多个系统中，从这些系统中提取数据耗费大量的工作时间。系统应该提供数据接口工具，具有整合不同业务系统中数据的能力。

### （三）有效监控——实现事前、事中、事后的动态控制

根据预算信息对实际的费用支出及资金支付进行事前实时控制。支持基于工作流的电子审批。能够与预算、核算系统紧密衔接。为管理决策层提供直观的、仪表盘式的关键数据展示。能够动态显示预算的关键性指标数据及指标的实际执行情况。能够针对特点指标获取明细的业务、财务数据。

## 四、全面预算管理信息化的条件

第一，全面预算管理要符合企业战略的要求，为企业战略的实施提供服务，这是构建全面预算管理体系的基本前提和主要依据。

第二，健全、完善的企业信息化建设是实现全面预算管理信息化的重要前提、技术保障和物质基础。

第三,一定的数据共享平台，能够提供准确的、全面的基础数据和历史资料。

第四，建立预算管理组织机构，并具备一套科学的、行之有效的、具有可操作性的预算管理体系，确保全面预算的贯彻落实与有效实施。

第五，企业管理层从观念上理解、接受全面预算管理信息化的理念，是推动企业实施全面预算管理信息化的重要条件。

# 第九章 培养会计信息化人才

随着全球经济化进程的不断推进，我国经济也有了很大的提高，伴随经济的发展，会计行业也迎来了发展的春天——会计信息化。我国其实在 1981 年就提出了会计信息化，不过，经过 30 多年的发展，至今没有达到令人满意的效果，这是一个值得我们深思的问题。而解决会计信息化中存在的问题，一个比较重要的措施就是，加强对会计信息化人才的培养。人才是推动会计事业繁荣发展的不竭动力，在信息化的大环境下，人才培养不仅要关注人才的专业素质，更要关注人才的综合素质。

## 第一节 会计信息化人才培养现状剖析

### 一、会计信息化人才培养现状

#### （一）理论与现实脱节

按会计专业的属性来说，应用性应该是本专业关注的重点，所以，学生只是学好基础理论知识是完全不够的，纸上谈兵只会使自己被社会所淘汰。

我国的会计行业起步比西方国家晚，发展速度也没有西方国家快，所以，为了进一步缩小这一差距，我国大量引进了西方先进的人才培养理念，但是却没有想到我国的国情与西方先进国家相比还是存在明显差距的。西方的会计专业知识不一定符合我国会计学的发展，这就使我国会计专业出现了理论与实践脱节的问题。

我国会计专业发展有自己的特色，一味地学习西方也不是办法，我们要在扎实理论的基础上，结合我国会计行业发展的实际，注重理论与实践的结合。

#### （二）会计课程缺乏信息化内容

在信息时代，企业的客户群体变得更加宽泛化、虚拟化，业务内容更加复杂，传统的手丁做账甚至局域网电算化系统已不能满足企业财务管理的要求。

可见，掌握信息技术是会计人才必不可少的技能，但当前会计从业人员的信息化管理能力总体水平不高，这与目前我国各学校开设的会计课程缺乏信息化内容有较大关系，很多学校在建设会计专业课程体系时主要开设会计学、统计学、税法和财务管理等必修课程，很少将互联网等信息技术内容纳入会计课程体系，会计专业学生普遍缺乏互联网思维。

### （三）没有形成以市场导向为主的教育理念

经济活动与商业活动都是以市场需求为导向的，会计活动是一种经济活动，因此，它也需要以市场为导向。

中国会计专业教育之所以要比其他国家处于劣势，主要是因为相关部门以及高校并没有认识到市场在会计教育中的重要性。在以后的教育中，高校应转变教育理念，建立以市场需求为导向的教育理念与目标。

### （四）会计教学忽视实践环节

很多教师也专注于课堂教学及学术研究，缺乏相关实践经验，在教学过程中照本宣科，而且案例教学往往忽视国情的差异性、案例的时效性及会计规章制度的变更，导致培养出来的毕业生在复杂多变的共享经济环境下，不能很好地将所学的会计知识与实践相结合，无法满足市场对会计人才的需求。

### （五）会计信息化教师资源匮乏

由于会计信息化是会计学与计算机交叉形成的边缘性学科，对任课教师的要求比较高，不仅要求任课教师有比较扎实的会计专业知识，而且要掌握计算机原理、数据库技术、网络技术等，并能综合运用于教学过程中。

实际情况是，许多高校忽略了会计信息化所需师资的培养，而是由会计老师或计算机老师兼任，真正专职的会计信息化教师较少，由此导致教学效果与教学质量不容乐观。

## 二、会计专业人才培养的指导思想分析

### （一）会计信息化思想

我国在 2009 年发布会计信息化，直到 2015 年提出了"互联网+"经济体系的构想，整整花了六年时间，这六年的时间也是会计信息化的转变时期。在这一时期，会计信息化由最初共享性低的纸质作业到今时今日的数字化共享。通过这一转变我们可以发现，我国会计信息化建设的目标基本上实现了，同时初步建立了一个相对完整的会计信息化体系。

随着信息技术的不断发展，未来的会计行业体系将更加完善，会计专业人才水平也会得到大幅度的提高。

### （二）业财融合思想

在现代企业组织中，会计人员的角色发生了明显的变化，以前，我们总是把会计当作管账的，但是现在，会计的职能发生了根本性的改变，其已经成为企业管理的参与者。

企业发展规划不仅需要管理者来制定，同样也需要会计人员的参与，需要会计人员依靠自己扎实的专业知识来解决企业中面临的各种问题，尤其是面对突发情况，会计人员的作用更凸显，他们往往能够冷静地去处理问题，从而为企业发展提供良好的保障。

# 第二节　构建会计信息化人才职业胜任能力框架

## 一、胜任力的概念

"胜任力"一词最早在人力资源管理领域兴起。科学管理之父泰勒最先引入"能力"一词。

对胜任力研究起着里程碑作用的关键人物是美国著名心理学家戴维·C.麦克利兰。他认为，胜任力包括很多内容，不仅包括与工作或绩效相关的知识、技能以及能力，而且包括特质与动机等，这些内容不仅能够非常好地预测实际工作的绩效，而且能对特定工作岗位以及组织环境中的绩效水平予以区分。在他看来，胜任力主要有三个特征：第一，它可以与任务情境相联系，因此具有动态性；第二，胜任力与工作绩效关系密切，它在一定程度上还能帮助管理者预测员工未来的工作绩效；第三，胜任力最重要的一个特征就是，能够将优秀员工与一般员工区分开来。

胜任力理论的出现是建立在麦克利兰长期的研究和实践的基础上的，并结合了以前及当时其他专家和学者的研究成果。一般来说，人们会把麦克利兰当作胜任力理论的创始人，正是从他开始，以后更多的专家学者投入胜任力理论的研究之中。

## 二、会计信息化人才职业胜任能力框架的含义

会计信息化人才职业胜任能力框架是由会计行业管理部门专门设计的，它是一种人造系统，目的是评价会计信息化从业人员工作所需具备的一些必要的能力。

## 三、会计信息化人才职业胜任能力框架的构建

### （一）构建的方法

对人才能力框架的构建方法目前主要有两大类：一是能力要素法；二是功能分析法。随着研究的深入，一种新的方法——基于胜任能力的方法出现了，该方法是以上两种方法的结合。下面我们将具体阐述一下这两种方法。

1. 功能分析法

功能分析法即通过分析会计从业人员在不同职位的履职情况及任务完成情况来考察其工作效果，并基于工作表现描述能力。这种方法下，胜任能力被定义为候选人员在进入会计职业时在既定的标准下完成任务和角色的能力。

这种方法比较强调会计师进行教育与培训的结果，认为这些结果会影响会计师的实际工作。一些主要的发达国家，例如英国、澳大利亚等，都是采用的这种方法。

功能分析法的具体操作为：首先，需要列出职业会计师工作的关键领域以及职能；其次，将已经列出的领域分为小的单元，如有需要，还可以进一步分出更小的元素，需要说明的是，这些元素还包括一些制定的元素，然后组成一张功能图；最后，要为每一个元素设定适当的标准。会计师的工作是挺复杂的，像这样按照水平逐步提高的顺序描述这份工作，就不会出现重复列示的情况。

2. 能力要素法

能力要素法将能力按知识、技能和职业价值来分类，重点关注会计从业人员在不同职业角色下的卓越表现所显现的特点。

能力要素法认为，胜任能力是一系列能力的集合，还着重强调了胜任能力的获取问题，认为胜任能力是通过教育以及培训的方式获取的，也就是说，是通过学习的方式获得的。

总体来说，能力要素法没有功能分析法详细，它主要研究的是优秀会计师在职业过程中的表现，没有对全体会计师的工作予以研究，而且它最终的落脚点往往是对会计师未来工作的建议。

### （二）框架设计

1. 框架设计原则

（1）实用性原则

会计行业并不是一成不变的，它随着社会的发展变化而变化，而会计信息化人才职业胜任能力框架研究的目的是更好地适应社会需求，所以，从这个层面上来看，该框架的建立必须考虑实用性，脱离实用价值的框架是无法应用于会计工作的。

（2）系统性原则

框架体现的是胜任力各要素的关系，从整体来看，它就是一个系统，彼此之间相互作用。因此，在进行框架设计时，一定要符合系统性原则，毕竟从整体出发，有利于从全局思考各要素在会计工作中的具体作用。

2.职业胜任能力框架的具体内容设计

一般来说，会计信息化人才的职业胜任能力可以分为三部分：职业知识、职业技能、职业价值观。

（1）职业知识

职业知识是进入某一职业的前提，不了解职业知识，就无法完成工作任务，也就无所谓长远的职业规划了。

会计职业知识是会计信息化人才职业胜任能力的重要组成部分，它能够成为衡量会计信息化人才职业胜任能力的重要指标，会计职业知识随着会计学科的发展是不断更新的，也就是说，职业知识应该一直贯穿在会计师的生涯里。

会计信息化人才需要掌握很多职业知识，通常有以下四类。

①一般基础知识

基础知识是学习其他知识的基础，所以，打牢基础知识是至关重要的。基础知识包括很多内容，通过对基础知识的学习，会计信息化人才不仅能对世界不同历史、不同文化有必要的理解，而且能与不同的群体进行必要的沟通与交流，在学习会计基础知识的同时开阔眼界。

所以，会计信息化人才应该具备的基础知识应该是非常丰富的，主要包括人文科学知识、自然科学知识、艺术知识、外语等。

②专业基础知识

要想培养专业素质，学习专业基础知识是一条避免不了的途径，同时，也是提高职业水平不可或缺的重要组成部分。

专业基础知识的内涵也是非常丰富的，不仅包括经济学、管理学、金融学、营销学、统计学，而且包括计量经济学、组织行为学、人力资源管理等内容。专业基础知识是会计信息化人才工作的重要凭证，能为其职业操作提供科学、准确的知识，同时，也能加强会计信息化人才对经济、商业、法律以及组织运行环境的理解。

③信息技术知识

从字面上我们也可以理解，会计信息化就是会计与信息技术的结合，在信息技术的推动下，会计人员传统简单记账的角色已经发生了改变，掌握一定的信息技术已经成为当前会计人员必须具备的知识。

经过多年的发展，信息技术知识体系已经相当完善，内涵丰富，主要包括信息技术基础、网络应用技术、数据库管理、会计信息系统应用与管理、信息化环境下的内部控制、电子商务、信息获取分析检索、办公自动化。

会计信息化是一种不可逆的趋势，当前的现代企业财务已经离不开信息技术，倘若不具备一定的信息技术知识，会计工作是无法进行的。

④会计专业及相关知识

胜任会计岗位需要具备很多的知识，说到底，会计专业知识才是会计岗位工作的核心知识，会计人员如果想要做好本职工作，绝对不能视会计专业知识而不见，而是要不断学习，不断充实自己。

会计专业知识主要包括财务会计与对外报告、管理会计、财务管理、审计、税法、经济法等。

不过，需要注意的是，会计专业知识并不是一成不变的，它会随着环境的变化而变化，从这个层面上说，会计信息化人才除了需要掌握精湛的专业知识以外，最重要的就是要具备解决突发事件的能力，较高的应变能力也是会计人员需要具备的。

（2）职业技能

职业技能在职业胜任能力构成中占据重要位置。职业技能可以分为两类：团队职业技能和个人职业技能。

①团队职业技能

A.沟通协调能力。在企业内部有很多部门，这些部门彼此之间相互独立，各自履行自己的职责，而在这些部门中间起桥梁作用的部门就是会计部门，它将企业内部的销售部门、生产部门以及人力资源部门等联系起来。另外，会计部门还需要与银行、工商、税务、审计等单位打交道，所以，会计人员必须具备良好的沟通能力。

B.团队合作能力。随着社会分工越来越明细化，一个人不可能掌握全部知识与技能，这就需要团队合作。明确的岗位分工与顺畅的相互配合是完成整体财务目标的保障。另外，对于一个作为整体运行的独立项目而言，财务也是其中不可缺少的一部分，能够与其他部门密切合作是保证项目运行的基础。所以会计信息化人才必须具备团队合作能力，能够与其他人员、部门密切合作，相互学习，共同探讨。

C.表达能力。会计信息化人才需要具备用口头语言或者书面文字来完整表达自己的看法、观点的能力，这是进行有效沟通交流的基础。条理清晰、逻辑严密的表达能够体现出会计信息化人才的分析判断能力、认知能力、逻辑思维能力等。而且由于财务部门需要与各个部门打交道，良好的表达能力是会计工作顺利展开的基本技能之一。

D.领导能力。对于初级会计人员来说，领导力并不是其需要具备的必要能力，但其对于财务主管或者财务经理等中高层管理人员来说，领导力是其不可或缺的一种能力，毕竟这些管理人员会参与到企业管理中做出决策，一旦缺乏这种能力，便有可能导致管理人员断送自己的职业生涯。

E. 人才培养能力。会计具有很强的实践性，只掌握理论知识绝对不是一个好会计，因此，即使是那些有高学历的人，他们也需要实践的锤炼，也就是说，需要接受一定的时间训练才能具备上岗的能力。对于初入会计行业的人来说，常常会遇到一些书本上没有遇到的问题，这就需要高级会计对他们进行适当的指导，毕竟这些高级会计已经工作过很多年，他们在无数的实践中已经积累了丰富的经验。因此，可以说，不断提升会计人才的实践工作能力是非常重要的，它不仅能够提升整个财务部门的工作能力，同时，也能为企业创造出更大的价值。

②个人职业技能

A. 数据挖掘能力。信息化数据的优势主要有两点：第一，能分析并储存大量的数据；第二，为数据分析提供了更加便利的条件。一名会计信息化人才需要具备很强的数据挖掘意识，更重要的是，要具备能够运用信息技术在大量数据中发现有价值信息的能力，为企业决策提供必要的支持。

B. 独立工作能力。该能力是指会计人员能够独自进行全部的会计工作，由于会计工作是复杂的、讲究细节的，所以，独立工作能力是对会计人员所掌握理论知识完整性的考验，同时是对其相关工作经验的考验。对于会计人员来说，只有掌握完整的知识体系，并且能熟练地运用，这样才能解决工作中遇到的诸多问题，完成全部的工作任务。大多数的小企业可能并没有完整的财务部门，这就更需要会计人员具备独立工作的能力。

C. 执行力。会计工作的重要内容就是对日常业务的处理，在处理日常业务时，会计只需要按照企业会计准则以及企业的实际经营情况执行即可。另外，还需要说明的是，上级所下达的命令也需要执行，当然，不是所有的人员都要参与决策，但是所有的人员都必须参与决策的执行。因此，会计信息化人才就必须具备相应的执行力，以保证企业决策的正常执行。

D. 应变能力。我国现在是市场经济，在这种经济体制下，信息杂乱无章，稍纵即逝。面对这一情况，会计信息化人才必须头脑灵活，要根据市场的变化调整自己的工作方法。也就是说，会计人员要具备一定的应变能力，只有这样，才能保证其不被快速发展的时代所抛弃。

E. 学习能力。社会环境不断变化，科学技术也在不断更新，知识更是处在不断变化中，而且，知识是没有范围的，它总是在不停地补充，对于会计信息化人才来说，为了与时代步伐一致，必须不断更新自己的财务知识，也就是说，要随时保持自己的学习能力，不断学习，不断充实自己。对会计信息化人才的职业规划来说，学习能力也是推动其职业不断向前的重要动力。

（3）职业价值观

会计信息化人才职业胜任能力框架中职业价值观的内涵非常丰富，不仅包括工作态度与责任心、法律意识、客观公正，而且包括保守商业秘密、关注公众利益和社会责任、专业风范、终身学习意识等内容。

①工作态度与责任心。会计工作比较复杂，因此需要会计人员有一定的细心与耐心，如果会计人员在工作中能认真负责、周密细致，那么会计工作的质量便能得到保证。会计人员要时刻保持谨慎认真的工作态度，做出的每一个判断都应该是周全考虑之后做出的，这种工作态度是一个会计人员从业的基础。

②法律意识。会计信息系统不是凭空产生的，而是由人创造出来的，并且需要守法律法规所规范，一旦离开了这些法律规范，会计信息可能就会偏离其应所起到的作用。

③客观公正。会计工作总是会涉及一些利益博弈，我们总是能听到一些财务丑闻，在这些丑闻的影响下，人们越来越意识到，会计是一个高危行业。即使是这样，会计信息化人才也不应该违背法律规范，而是应该按照规范处理各项事务，保证市场经济的健康运行。

④保守商业秘密。财务工作涉及的是企业所有的经济活动，展示的是企业实际的发展情况，所以内含着企业的许多商业秘密，甚至在一些时刻，关乎企业的生死存亡。对于接触到这些重要信息的会计人员来说，保守商业秘密则是其重要的职业操守。

⑤关注公众利益与社会责任。一般而言，会计具有核算的职能，但是除此之外，其还具有监督的职能，重要的是对企业经营合法性以及合理性进行监督。为什么要对企业进行合法合理的经营呢？那是因为一个企业经营的好坏不仅关系企业本身的生存，而且关系到社会大众的日常生活。比如，有一些上市公司对股票进行价格操作，会计工作人员必须意识到自己的公众利益与责任，努力避免这种事情的发生。

⑥专业风范。这里的专业风范是指会计人员要时刻维护会计行业的形象，不能因为自己的行为影响到整个会计行业的声誉，因此，在实际工作中，不能做损人不利己的事，要有专业风范。

# 四、对高校会计信息化人才培养的启示

## （一）以能力培养作为人才培养目标

高校在注重对学生理论知识传授的同时，也应该重视对其应用能力以及创新能力的培养，也就是说，要转变以往的人才培养目标，将目标设置为培养学生的应用能力以及其创新能力。

随着计算机技术在会计领域的应用，会计专业也受到了一定的冲击，会计专业的学生不仅要掌握扎实的理论知识，而且应该具备一定的计算机处理会计信息以及进行财务分析的能力。

### （二）以职业能力框架构建课程体系

首先，要打破传统会计学专业的课程体系，根据时代的需求做出一定的调整。不能再以会计基本理论作为整个课程体系的起点，而是应该以财务会计报告的内容为出发点，更重要的是，教师在讲解会计专业理论知识的同时，要拓展其他的知识，比如，当前会计工作的环境、会计的基本任务以及会计职业道德，等等，这不仅让学生学习到了更加完备的会计知识，而且在很大程度上开阔了学生的专业视野，对于学生专业素养的提升大有帮助。

其次，过往的会计教学内容比较单一，没有根据当前企业的经营环境做出相应的改变，为了改变这一现状，应该在专业课程中对企业经营环境进行模拟，并结合企业内部控制以及外部资本市场发展，对会计业务做出新的探索，并将探索而来的东西引入会计教学内容之中，在丰富会计教学内容的同时，也对学生会计基础理论的学习提供了帮助。

### （三）强化会计实践教学，提高学生的实践能力

会计专业本身就是一门强调实践性的专业，通常情况下，从事基本核算岗位的会计人员要有一定的实践经验，经验实践年限最低也要 2～3 年，而对于那些从事中高层核算的会计人员而言，他们所需要的年限则更长，大约需要 3～5 年。

从上述分析可以看出，实践能力应是会计人员必备的一项能力。所以，高校在会计教学中一定要突出会计实践教学，不断提升学生的实践能力。一般来说，会计实践教学的重点主要包括三个方面：注重课程的实践教学、综合集中实践教学、专业实习。在实践教学实施的过程中，高校要与企业、政府达成深度合作，创建实践教育基地，从而构建出一套相对比较科学的会计实践教学长效机制。

# 第三节　基于 XBRL 的会计信息化人才培养策略

## 一、合理定位专业培养目标

我国各高等院校均有自己的特色领先专业方向，针对不同的高校特点，财会专业学生在会计信息化方面的培养应设立特色培养目标，从而围绕培养目标制定合理的培养方案与配套的课程体系。

如计算机专业发展较强的院校可以依托这一优势，设立除培养面向解决财务领域应用问题的复合型人才，还可考虑发展掌握 XBRL 的软件开发技术的研发人员。而在财会领域较为突出的院校则可以着重发展复合型人才和利用分析软件提高会计信息分析与应用能力的分析师，在掌握必要的计算机知识的基础上面向更多复杂的财务问题，研究其通过会计信息化的解决方法。而对于在两方面均较薄弱的普通院校，可以定位于培养能为企业编制符合 XBRL 财务报告的企业基层操作人员和能熟练操作财务软件辅助基础会计工作的会计人员。

确定培养目标后应建立良好的课程体系来完成培养目标。由于我国由计算机专业教师来完成计算机基础类课程的现状难以改变，高等院校可在低年级课程中设立的计算机基础课程上分不同学院、不同专业进行授课，授课教师不必对会计专业有详细了解，仅需能向学生介绍计算机基础课堂上讲解的内容能与学生本专业结合，并推荐在课堂之外由财会类专业的复合型教师来开设引导式讲座。通过这一形式吸引学生，培养学生对会计信息化、XBRL 方向的兴趣。

完成计算机基础类课程之后，高等院校应提供针对会计信息化、XBRL 方向的基础性选修课，供有志于此方向的学生进行学习，对获取会计信息需要的计算机专业知识进行深入研究。同时高等院校应开设能培养学生完成基础性会计信息化工作的必修课程，使学生具备基础性的会计信息化工作技能。

最后在高年级的课程中提供深入研究 XBRL 和会计信息系统的相关课程，并细分不同的方向，如基于 XBRL 的审计、基于 XBRL 的企业内部控制、基于 XBRL 的会计信息系统维护等，从而培养精通 XBRL 的复合型高端人才。

此外，还可以鼓励会计专业学生选修学校计算机类专业的课程，同时鼓励计算机专业的学生学习会计专业的基础知识，鼓励两个专业的本科毕业生考取另一专业的研究生，从而实现更好的复合型人才培养。

而对于课程的整合，财会专业的许多专业课程都可以与 XBRL 进行整合，财务会计、财务报表分析、管理会计、审计等均可以根据课程的侧重点对 XBRL 内容进行适当的引入。

## 二、构建完善的 XBRL 师资培训机制

无论是我国高等院校财会专业教学还是会计人员继续教育培训，教师水平都直接影响我国的人才培养。无论是开设 XBRL 专门的讲座、课程，或是将 XBRL 与财会专业其他的专业课程进行有效整合，都需要教师能够对 XBRL 有清晰地认识。XBRL的技术专家和权威正是我国目前的师资所缺乏的，因此 XBRL 师资培养对推广会计信息化人才培养有着重要意义。

首先，教育部门应该对 XBRL 提高重视程度，建立良好的师资培训环境和制度，高等院校在条件允许的情况下能定期为教师组织 XBRL 相关知识和技能的师资培训课程，让教师们在理论上进一步深造。及时与教师们交流 XBRL 在国际上的应用和发展情况，使教师能够了解最新的研究动态并与学生分享，同时吸引更多的教师从事 XBRL 应用的研究。以美国为例，美国会计学会开展定期的 XBRL 师资培训课程。

其次，完善对现有的教师进行自我培训的良好方式，对发展较好的 XBRL 相关期刊、网站进行推广和支持，各类会计信息化研究协会与机构更多地组织各类研讨会、交流会来推进 XBRL 研究。同时，还可以拓宽教师进行 XBRL 培训的途径，可以与实务界加强交流，教师可以到国内外会计信息化成功的企业和会计师事务所进行考察学习，了解目前职业界存在的问题和发展的动态。

最后，针对我国东西部师资水平和教学情况的不平衡，经济发达地区的教师应定期前往西部地区进行普及、交流，带动较为落后地区的师资发展。

## 三、加强与实务界紧密联系

理论终将应用于实践，大部分的高等院校毕业生都将走上职场，将在学校里所学的知识运用到工作中去，因此与实务界保持紧密关系具有必要性。

通过加强校、政、企联系，学校保持与上市公司、财务软件企业、银行、会计师事务所、证券交易所、财政部门等良好的合作关系，为学生提供校外稳定的实习、参观基地，邀请实务界的精英来学校开设专题讲座，了解会计信息化、XBRL 在实务中的最新动态和问题。同时在校内也配备良好的基于互联网的实训教学系统，尽可能地使学生在真实环境中完成根据 XBRL 标记财务信息、编制 XBRL 财务报告、基于 XBRL 的内部控制和财务分析等教学任务。

## 四、注重含 XBRL 内容的教材编纂

无论是完善 XBRL 课程体系还是加强 XBRL 师资培养，都需要有可以满足教学需求的教材的支撑。目前我国 XBRL 培训教材滞后于理论和实践的发展，教材编写的水平参差不齐，且难以满足 XBRL 教学需求。因此，在 XBRL 教学改革中急需对相关教材进行补充，无论是教师的师资培训教材还是学生学习的教材。并且教师可以将师资培训教材中的内容与学生分享，使学生了解 XBRL 国际研究的最新进展。

在教材的编纂过程中应重视 XBRL 相关内容的编写，做到详细且全面，包含 XBRL 标记、XBRL 分类标准、XBRL 实例文档、XBRL 报告分析、基于 XBRL 的内部控制等内容，并及时更新研究成果和实务动态。教材编写的深度应适当，具备条件的高校教师可以根据所在院校的财会专业学生会计信息化和 XBRL 培养目标编写适合

该校学生教学需求的教材。另外在教材的推广过程中应挑选适合教学需求的教材，尽量避免被迫指定教材的情况发生。

## 五、提升财会人员的会计信息化水平

提升财会人员的会计信息化水平主要是指通过会计职称、注册会计师等考试以及会计从业人员继续教育来提升会计从业人员的会计信息化和 XBRL 水平。目前我国上海会计从业人员继续教育中已经增设了 XBRL 及其相关内容的教学和考试，推广 XBRL 的同时，也可以确保 XBRL 应用知识的更新。这种做法值得推广，根据 XBRL 技术的应用继续教育的要求，设置相应的 XBRL 在年度会计从业人员的培训内容，确保会计人员的 XBRL 应用知识的持续更新。

此外还可以在会计职称、注册会计师等考试增设会计信息化与 XBRL 相关知识的考查，并根据各类考试的层次和特点进行针对性的考查。如在职称考试中根据难度不同增设 XBRL 框架、基于 XBRL 的内部控制、基于 XBRL 的财务报告分析、XBRL 标准研究等内容，而针对注册会计师任职于会计师事务所的特点考察 XBRL 审计方法、风险控制等相关内容。

# 参考文献

[1] 柴慈蕊，赵娴静．财务共享服务下管理会计信息化研究 [M].长春：吉林人民出版社，2022.

[2] 常青，王坤，檀江云．智能化财务管理与内部控制 [M].长春：吉林人民出版社，2021.

[3] 董艳丽．新时代背景下的财务管理研究 [M].长春：吉林人民出版社，2019.

[4] 董煜，吴红霞．会计信息化 [M].天津：天津科学技术出版社，2020.

[5] 韩吉茂，王琦，渠万焱．现代财务分析与会计信息化研究 [M].长春：吉林人民出版社，2019.

[6] 胡娜．现代企业财务管理与金融创新研究 [M].长春：吉林人民出版社，2020.

[7] 荆新．会计信息化 [M].成都：电子科技大学出版社，2018.

[8] 寇改红，于新茹．现代企业财务管理与创新发展研究 [M].长春：吉林人民出版社，2022.

[9] 刘赛，刘小海．智能时代财务管理转型研究 [M].长春：吉林人民出版社，2020.

[10] 龙敏．财务管理信息化研究 [M].长春：吉林大学出版社，2016.

[11] 亓春红，张蕾，孙丽昀．财务管理实务 [M].北京：北京理工大学出版社，2019.

[12] 曲柏龙，王晓莺，冯云香．信息化时代财务工作现状与发展 [M].长春：吉林人民出版社，2021.

[13] 王鹏，刘明霞．会计信息化 [M].石家庄：河北科学技术出版社，2018.

[14] 王盛．财务管理信息化研究 [M].长春：吉林大学出版社，2020.

[15] 王伟，王静，林文．审计信息化 [M].北京：北京理工大学出版社，2020.

[16] 韦绪任，冯香，申仁柏．财务会计与实务 [M].北京：北京理工大学出版社，2019.

[17] 吴朋涛，王子烨，王周．会计教育与财务管理 [M].长春：吉林人民出版社，2019.

[18] 武建平，王坤，孙翠洁．企业运营与财务管理研究 [M].长春:吉林人民出版社，

2019.

[19] 杨昆 . 会计信息化应用 [M]. 北京：北京理工大学出版社，2018.

[20] 伊静，刘会颖 . 会计信息化教程 [M]. 北京：对外经济贸易大学出版社，2018.

[21] 尹睿佳，贾振纲，谭建平 . 会计信息化 畅捷通 T3 云平台 [M]. 成都：电子科技大学出版社，2020.

[22] 余红叶，张坚，叶淞文 . 财务管理与审计 [M]. 长春：吉林人民出版社，2019.

[23] 袁颂峰 . 企业财务业务一体化 [M]. 重庆：重庆大学出版社，2014.

[24] 朱德龙，冯骁，邓柯，宋冰，刘新萍 . 财务管理创新与信息化研究 [M]. 延吉：延边大学出版社，2018.

[25] 朱竞 . 会计信息化环境下的企业财务管理转型与对策 [M]. 北京：经济日报出版社，2019.

[26] 朱学义，朱林，黄燕作 . 财务管理学 [M]. 北京：北京理工大学出版社，2021.